MISSION
ミッション
私たちは何のために働くのか

(株)リーダーシップコンサルティング代表 岩田松雄

アスコム

本書をスターバックスとザ・ボディショップの
お店で働くすべての人に捧げる。

なぜ、人々はスターバックスに行くのか。
なぜ、「スターバックス」と
「スターバックスに似たコーヒーショップ」を
明確に区別しているのか。
それはスターバックスに人々を魅了する
〝何か〟があるのです。

そして、その〝何か〟を生み出すのが
企業と働き手たちのミッション（使命）
に他なりません。

スターバックス・インターナショナルの元社長で、
私が敬愛するハワード・ビーハーはこう言っています。
「私たちは人々のお腹を満たしているのではない。
心を満たしているのだ」

スターバックスの前に私が日本法人の社長を務めた
「ザ・ボディショップ」の創業者であり、
私の大切な友人だったアニータ・ロディックも
「ザ・ボディショップは単に利益を上げる企業ではなく、
社会貢献をして、世の中を変えていく」
という強い信念を持っていました。

世界を変えてきた人たちは
何かに「突き動かされるように」生きています。
単なる自己の満足のためではなく、
ミッションを持って闘っている。
その使命感こそが、
人々の期待を大きく超え、感動を呼び、
社会を好転させる源泉になると
私は信じます。

日本企業は窮地に追いやられていて、
働き手たちは望む目的を叶えられないことが多い。
だから、「何のために」ではなく
「どうやって働くか」という働き方やスタイルを
重視する人たちが増えてきました。

しかし、私は今こそ踏ん張りどころだと思うのです。
自らの働き方ばかりにスポットを当てている限り、
人々を感動させることはできない。
重視すべきは「働くスタイル」ではなく、
「いかに人々を喜ばせるか」だと信じます。
ミッションを掲げ、
社会を変える一翼を担うことだと信じます。

私たちは、
何のために働くのか。
どうすればやりたいことが
見つかるのか。

この壮大な問いに
私がどれだけの答えを用意できるか、
正直言ってわかりません。
でも、読者の方々と一緒に考えることはできる。
私のスターバックスとザ・ボディショップでの
経験をひも解きながら、
働く本質的な価値を探していくことにします。

序章
プロローグ

あなたの火花散る一瞬はいつか？

パチッ。パチパチッ。

すっと伸びていくロボットのアームの先端。ピタッと動きが止まると、一瞬の間を置いて、突然、金色の火花が散ります。

人気《ひとけ》のない工場のラインに光る、花火のような輝き。それは美しくもあり、また不思議な厳粛さをたたえてもいました。

「いいか、岩田」

ぼんやりとその様子を眺めていた私に、ヘルメットをかぶった上司がこう言いました。

「この工場で価値を生み出しているのは、あの火花が散っている瞬間だけなんだぞ――」

もう40年も前のことになります。大学を卒業して日産自動車に入社した私が、研修や工場での実習を終えて本社の購買管理部技術課に配属され、車体溶接工場を見学していたときのことです。

まだ塗装されておらず、むき出しの、鈍い銀色の部品が、産業用ロボットに抱えられて次々に組み合わされます。そこに溶接用のアームが伸びてきて、正確に火花を散らせ、つなぎ合わせて自動車のボディを形作っていきます。

テレビのニュースで経済統計や自動車メーカーの業績を伝えるとき、バックの資料映像としてたびたび使用されている光景、と言えば、思い出される方もいるかもしれません。

価値を生み出しているのは、火花が散っている瞬間だけ。その言葉を、当初私は、よく理解できませんでした。

火花が散る瞬間、つまりボディが形作られていくまでには、さまざまな工程がある。ボディを運搬したり、向きを変えたり、部品を在庫したり。それなのに、あのまぶしい瞬間だけに価値があるとは、どういうことなのか？　私が「はあ」と気のない返事をすると、上司は続けました。

「この工程で価値を生んでいるのは、鉄板同士が溶接されてくっつく時だけ。あとは何も関係ない。部品の運搬や在庫や会議など、それは本質的に価値を生み出していないんだ。あの火花が散っている瞬間だけが、価値を生み出している。それ以外は全部無駄な作業であり、本来はなくてもよい作業だ。そういう目で現場を見なさい」

パチッパチッ。上司の肩越しに、また火花が散りました。

1983年、入社2年目のこの日の思い出は、その後長く私の頭の中に残ることになります。

私は1995年に日産自動車を退職し、さまざまな企業を経験してきました。外資系コンサルティング会社、世界的な飲料メーカー、日本のベンチャー企業、日系のおもちゃメーカー。そして、ザ・ボディショップとスターバックスコーヒージャパン。

しかし、どの企業に、どんな業界に身を置いていても、金色の火花の記憶が消えることはありませんでした。むしろ、火花の輝きを直接目にすることができなくなってからのほうが、その意味をより深く理解するようになったのです。

スターバックスで火花散る一瞬とは

何が価値なのか？　価値はいつ、どこで生み出されているのか？

火花はどこで散っているのか？

一見華やかに見える仕事でも、それが本当に価値を生み出しているのだろうか？　火花が散る瞬間、それは価値を生み出すビジネスの本質そのものです。その職場の「ミッション」が達成されている瞬間と言い換えてもよいでしょう。

２００５年、私はイオンフォレストという企業に社長として招かれました。英国自然派化粧品ブランドである「ザ・ボディショップ」を日本で展開している会社です。

ここで私は初めて小売業にかかわることになります。まず考えたのは、小売で「火花が散る瞬間」とはいったいいつなのか、ということでした。

最初にイメージしたのは、お客様がお金を支払う際に、レジが開いて「チーン！」と鳴る瞬間。しかしこれでは少々夢がないというか、味気ない。そこで考え直し、お買い上げいただいたお客様を、スタッフが満面の笑顔で送り出す瞬間が一番大切だと思いました。

お客様が満足感を得た瞬間です。

ところが、現実は必ずしもその瞬間に目が向けられていませんでした。

業績が悪かったこともあり、店舗のコスト削減、週明けの会議資料の作成、社内会議、モールへの資料提出……。どれも、お客様には関係のないことばかり。お店のスタッフがお客様のお相手をするという本質的なこと以外に時間をとられすぎている。

そのあとにCEOを務めたスターバックスで火花が散る瞬間は、より明確でした。スターバックスの店舗に足を運んでくださるお客様は、「すてきな空間で、おいしいコーヒーを飲みたい」という明確な意志を持っています。オーダーをお受けしてお金を受け取り、で**き上がった最高のコーヒーを、自信を持って笑顔でお渡しする瞬間に火花が散っている。**

そこにこそ、社長以下全社員のすべての意識を集中させる必要があるのです。

ザ・ボディショップのレジや、スターバックスのスポットライトを浴びているカウンターは、車体溶接工場ではありません。もちろん本物の火花が輝くことも、刺激的な音に驚かされることもない。それは、オフィスのデスクでも、営業の現場でも同じです。

しかし、火花を見ようと意識している人だけが、本質的な価値を生む瞬間がいつなのかを、はっきりと見いだすことができます。

「スターバックス」と「スタバらしきもの」の決定的な違い

この本を手に取ってくださった方をはじめ、大勢の消費者が、一流のブランドと、そうでないブランドとをはっきりと区別しています。

では、なぜそうなるのか？

どうして、コーヒーショップを見かけた多くの人が「スターバックス」と「スターバックスに似たコーヒーショップ」という分け方をするのか？　CEOを務めていた私でさえ、最初はその理由がはっきりとはわかりませんでした。

他の店よりもコーヒーがおいしいから。内装が凝っていて、ソファのかけ心地がいいから。パートナー（スターバックスでは店舗で働く人たちもCEOも立場にかかわらずこう呼びます）がきびきび働き、笑顔がすてきだから。

もちろん、これらはすべて正解なのですが、そこをもう一段掘り下げて考えてみてほしいのです。

スターバックスには、次のようなミッションステートメントがあります。

To inspire and nurture the human spirit—
one person, one cup, and one neighborhood at a time.
（人々の心を豊かで活力あるものにするために——
ひとりのお客様、1杯のコーヒー、そしてひとつのコミュニティから）

・お互いに尊敬と威厳を持って接し、働きやすい環境を作る
・事業運営上での不可欠な要素として多様性を積極的に受け入れる
・コーヒーの調達や焙煎、新鮮なコーヒーの販売において、常に最高級のレベルを目指す
・お客様が心から満足するサービスを常に提供する
・地域社会や環境保護に積極的に貢献する
・将来の繁栄には利益が不可欠であることを認識する

6つの箇条書きの部分（行動指針）は、今では新しいものに変わっていますが、私はこ

の旧バージョンが大好きです。

なぜなら、コーヒーを販売している企業なのに、コーヒーについては3番目にしか出てこないからです。そして利益は一番最後に来ています。

スターバックスが特別な存在であるのは、スターバックスで働く人たちに、こうしたミッションが深く浸透しているからです。

何のために働くのか？　自社は何のために存在しているのか？　その持続的な問いかけが、従業員ひとりひとりに深く染み渡り、終わりのない努力を続けているからこそ、他社との「違い」を生み出し、一流ブランドに見えるのです。

社長が経営理念やミッションを額に入れて飾っているだけでは意味がありません。経営者だけが意識していても意味がないのです。「われわれは何のために働いているのか？」そこで働くだれもが、心からミッションを意識しているからこそ、火花の輝く瞬間に力を注ぐことができる。そんな企業が、一流のブランドだと認識されるのです。

ビジネスなのだから、ミッションのようなきれいごとでは利益を出せない、とおっしゃる方もいます。

利益は大切です。その点は、私も同意します。

ところが、多くの人がそこで考えることをやめてしまう。

確かに、どんなによいことをしても、赤字では企業活動は持続できません。では、何のために利益を出さないといけないのか？　企業の大前提はゴーイング・コンサーン、つまり存続することです。企業が永続して、自分たちのミッションを達成し続けるために利益が大切なのです。

利益は手段であって、最終目的ではありません。数字は便利でわかりやすい。いくら利益を出したか。前年比何％増だったか。わかりやすいからこそ、それを追いかけることだけを目的化してしまうのです。

私がこの本で伝えたいのは、

「そもそも、企業は何のために存在し、利益を出す必要があるのか？」

ということです。

それでもまだピンとこない方には、違ったアプローチをしてみましょう。

豊かになった社会では、ただ利益を上げたいという企業は顧客に魅力的な存在として映りません。

どんよりした店内で、コスト削減だけが口ぐせの店長と給料分だけ働く店員に流れ作業で淹れてもらった〝そこそこのコーヒー〟を飲んで、支払った代金以上の価値を感じる人などいません。

「コーヒーが飲みたかったんだけど、近くにスタバがなかったから、まあここでも仕方がないか」。そんな動機でたまたま来店してくれただけ、というのが正直なところでしょうか。こんな企業は、往々にして価格競争の波に飲み込まれていきます。

一方、ミッションを大切にしている企業は「ご指名買い」です。お客様に「コーヒーが飲みたい」のではなく、「スタバに行きたい」と思われるのです。

そこに価格を超えた価値があるからこそ、お客様はそれを求めて集まってくるようになります。さらには、スターバックスで働いてみたいという人も押し寄せてくるのです。

ハワード・シュルツの「匂い」

これは、個人においてもまったく同じです。

スターバックスのミッションを深く意識した人は、おそらくその後、どんな仕事についても、ミッションを意識しながら働くでしょう。また人生そのものが個人のミッションの追求に向けられるはずですし、それに従って仕事選びを考えるはずです。だから、何の仕事をしていようと、どんな環境にあろうと、火花が散る瞬間を見極めようとするのです。

ブランド力のある一流の会社は、「どうやって儲けるか」ではなく、「そもそも企業は何のために利益を出すのか」というミッションを大切にします。

個人も同じ。「どうやってラクして給料をもらおうか」とか、「どんな肩書きだと世間のウケがいいか」、あるいは「どんなスタイルで働くのがかっこいいか」など、気にしていないのです。

どうして働くのか。何のために働くのか。

すばらしい仕事をしている人は、必ずと言っていいほど明確なミッションを持っています。そして、そんな人と仕事をするのはとても楽しいし、「ああ、この人と仕事がしたい」と思うのです。

私が、スターバックスコーヒージャパンのCEOに就任するかどうか、最終決定を下すのは創業者のハワード・シュルツ（スターバックスコーポレーションCEO）でした。2009年の1月、私はシアトルのスターバックス本社を初めて訪問しました。当時マリナーズで活躍していたイチロー選手のグローブが入り口に飾ってあるハワードのオフィスで、彼の最終面接を受けることになっていたのです。

ハワードはまず、私にこう聞いてきました。

「あなたは今まで日本のザ・ボディショップで実績を出してきたのに、どうして辞めるんだ？　なぜスターバックスなんだ？」

予想どおりの質問だったので、私はこう答えました。「ザ・ボディショップでの自分の目標はほぼ達成できたので、ここで一区切りつけたかった。新しくて、よりチャレンジングな目標に取り組みたい。その場所を探していたら、たまたまスターバックスコーヒージャパンからオファーがあった。そこであなたが書いた本を読んでみたら、『人を大切にする』と書いてある。そこにとても共鳴したからだ」。

ハワードは、こう言いました。

「そうか。で、あなたは、スターバックスに何をもたらしてくれるんだ?」

私はできるだけ単純な言葉を選びながら、答えました。

「自分には、商売の感覚があると思う。ザ・ボディショップでも売り上げを2倍にしたし、アトラスという企業も再生した。ビジネスのセンスは……」

話を続けようとすると突然、ハワードは私の言葉を遮り、身を乗り出して言いました。

「商売の感覚っていうのは、つまり〝スメル〟のことだろ?」

ああ、私の感覚が通じた!

「そのとおり!」

「すごくわかるよ! それ。匂いがわかるんだろ?」

ビジネスプランを論じたり、難しい経営学の用語を駆使して話をしたりするのではありません。

ハワードの言う「匂い」。私の言葉に置き換えれば、それは「火花」になります。火花が散る瞬間の独特のこげた匂い。

じつは、ザ・ボディショップを創立したカリスマ、アニータ・ロディックも、似たような言葉を私にかけてくれたことがあります。こんなの、合理的な話でも何でもない。しかし、そこには情熱を注ぐだけの何かが、必ず存在する。その匂いをかぎ分けることができるのは、ミッションを持つ人だけだと思うのです。

私は、この瞬間合格を確信しました。

会社員かノマドかなんて、どうでもいい

この本の、とりあえずのゴールは、みなさんに、

「自分はなぜ働くのか」
「自分は何のために働くのか」

を真剣に考え、そして、自分のミッションを構築していただくことです。

言い方を換えれば、私が自分自身のミッション構築の過程で大きな影響を受けた、スターバックス、ザ・ボディショップというふたつの世界的なブランドを通じて、ミッションを持った人間になるにはどうすればいいのかを考える本でもあります。

ミッションがなくても、成功することはきっと可能です。

今から20年以上も前に、ＩＴバブルと呼ばれた時代がありました。創業間もない若い経営者たちが、株式上場と株価の高騰によって数億円、数十億円の資産を手にしていたのです。

彼らの多くは都心の高級高層マンションに自宅を構え、ヨットやフェラーリを買い求め、夜な夜な銀座に繰り出していました。そしてＩＴバブルの崩壊にともなって、そのほとんどがまさに泡のように消えていきました。彼らはなぜ消えてしまったのか。

それは明確なミッションがなかったからだと思います。

彼らは時代を見る目を持ち、人よりも行動力があり、ちょっとしたお金儲けの才覚もあった。しかし、自分は何のために生きているのか、何のために起業し、売り上げを上げ、利益を出すのかというミッションがなかったのではないでしょうか。金儲けだけを目標にしたからだと思います。

今、当時のＩＴ社長を冷やかすのはたやすい。しかし、私は現在でもこうした流れは変わっていないのではないかと危惧《きぐ》しています。

自分の働き方や働くスタイルばかりを考え、なぜ働くのか、自分の使命は何なのかを考える人は依然として少ない気がします。

最近流行のノマドワーカーに関する議論もそうです。

ノマドワーキングそのものは、いいことでも悪いことでもありません。ひとつの働き方、スタイルであり、それ自体はニュートラル。そうする必要があれば、そうすればいい。

スターバックスはノマドワーカーに快適な場所を提供しており、ノマドワーカー同士の交流から、新しいビジネスが生まれることも珍しくありません。

でも、ノマドワーキングは、あくまでも働き方、働くスタイル、形態であって、それ自体が、なぜ働くのか、自分のミッションとは何かとは、本質的に結びつくわけではありません。そこを誤解している方が、あまりにも多いのです。

ミッションを強く自覚すると、それを達成するために、自分なりのロードマップが描けるようになります。その線上に、たまたまフリーランスで、ノマドワーキングでいくべきだと考える時期があるのなら、そうすればいいいし、会社にいたほうがよければ、そうすればいい。

でも、会社勤めはもう嫌だからフリーランスだ、ノマドだ、と流されていくのは、かつてのＩＴバブルの若い社長たちと、何ら変わらないと思うのです。

自分の存在理由、つまりミッションがないのですから。

自分で考え、自分で見つけ出したミッションの構築に比べれば、働き方や肩書き、お金があるかないか、見た目の経歴が一流かどうかなどの問題は、じつにどうでもいいことです。経験を重ね、新しい発見をもとに、ミッションをバージョンアップしていけばいい。一流かどうかは、ミッションを持ち、その実現に真摯《しんし》に取り組んでいるかどうかで決まります。

ミッションは、コーヒーや化粧品などを扱う企業に限らず、個人であっても、公務員でも主婦でも学生でも、どんな業種、仕事、立場でも変わらず必要なものです。

ビジネスや経営だけでなく、もっと普遍的な「自分はなぜ働くのか?」ということ、さらに言えば「自分はどう生きるのか?」という、とても根本的な問いかけです。

私は、普通のおっちゃん

ずいぶんえらそうに書いていますが、私自身、ミッションの必要性にはっきりと気づいたのは、じつは、ある程度年齢を重ねてからのこと。とりわけザ・ボディショップとスターバックスという、強烈なミッションを持っている企業で経営者として働いた経験を通じて、強く意識するようになりました。

講演後の懇親会などで、時々「岩田さんは、すごいご経歴ですね」と声をかけてくださる方がいます。

「とんでもない！」といつもお答えしています。勘違いもいいところ。私自身はいつも薄氷の上を、もがきながら進む人生を歩んで来ました。

高校受験では遅刻しそうになるし、大学受験は家の経済的事情で私立を一切受験せずに一浪の末地元の大阪大学に進学。卒業後勤めた日産自動車ではノイローゼになったり、ビジネススクールもアメリカのＵＣＬＡ（カリフォルニア大学ロサンゼルス校）に何とか補欠で合格したり……。

いきなり陽の当たる場所に出たわけではないし、銀のスプーンをくわえて生まれてきたわけでもありません。学生時代に取り組んだ野球でも、ビジネススクールの留学でも、さまざまな企業での経験でも、挫折し、壁を乗り越えてはまた壁にぶつかっての連続でした。

褒めてくださる方がいらっしゃる一方で、私の講演を聞きに来てくださった方の中には、実際に私を見て「岩田さんはご経歴の割には『スマートさ』がなくて、どちらかと言うと『普通のおっちゃん』ですね」という、正直な感想を述べられる人がいます。まさにそのとおり。そう言っていただくほうが居心地がよいのです。

詳しくは追って述べますが、私は、3社8年間の会社経営をしていく中で、ミッションの重要さを痛感しました。なぜ化粧品店で、売り上げに関係ないフェアトレードや環境問題についてお客様に真剣に説明しているのか？　なぜコーヒーショップで、紙カップに「今日もお仕事お疲れ様でした！」と書いて出しているのか？　そんな対応ができるのは、それぞれの会社がすばらしいミッションを持っているからです。そしてその**存在理由（ミッション）がそこで働く人たちに深く浸透している**からです。

そしてミッションは会社にだけ必要なのではなく、個人ひとりひとりにも必要だということに気がつきました。

立派なミッションをお持ちの方は、世の中に少なからずいます。しかし、彼らが書いた本を読み、彼らのミッションを真似ても、おそらくうまくはいかないでしょう。**ミッションは、自分で見いだし、考えてこそ価値がある**ものです。そして、知識を得て、経験を重ね、力をつけ成長していく過程で、進化し、バージョンアップしていけばいいのです。

有名ブランド名を冠した手軽なビジネスノウハウの本があふれている中で、あえてそちら側には重きを置かず、読者のミッション構築を促す本を書いてみたい。そんな私のわがまな想いに、アスコム編集部の方々は応えてくださいました。心から御礼を申し上げます。

ミッションを持っている企業は活力があり、顧客を楽しませ、驚かせ、感動させます。ミッションを持っている人は、たとえ厳しい現実に直面しても、常に前向きで、生き生きしています。

ミッションを構築すること。

そして、**ミッションを持ち続けること。**

それは、**その実現に人生をかけ、社会をよい方向に変えること。**

それは、自分自身の中で散っている火花を、見逃さないことでもあります。

あなたの火花は、どこで散っていますか？

私がこの本を書く目的は、一言で言えばみなさんを元気づけることです。ひとりでも多くの人が、自分のミッションを意識して生きるようになれば、世の中はもっと素敵で良くなるはずです。

本書を通じてそんな世界の実現に役立つことができたら、これほどの喜びはありません。

MISSION
ミッション

私たちは
何のために働くのか

目次

MISSION
CONTENTS

第2章　ザ・ボディショップとアニータ・ロディック

第3章　スターバックスはコーヒーを売っているのではない

第4章 僕たちは何のために働くのか

終章　エピローグ

本書は、2012年10月に弊社より刊行された『ミッション　元スターバックスCEOが教える働く理由』を改題し、加筆・修正したものです。

第1章
どうすれば
人を魅了できるのか

私たちは偉大なことはできません。
偉大な愛で小さなことをするだけです。
——マザー・テレサ

スターバックスへのクレームで一番多いのは……

私がスターバックスコーヒージャパンのCEOだったときのこと。あるメディアの取材で、記者の方からこんな質問をいただきました。

「なぜスターバックスは、長居しているお客様を追い出さないのですか？　居心地のよい空間にこだわればこだわるほど、お客様に長居をされて、売り上げが落ちてしまうのでは？」

確かに、スターバックスのお客様の中には、長居される方が少なくありません。ウィークデーなら、テスト勉強に励む学生さんや、アップルのＭａｃＢｏｏｋやｉＰａｄを使って仕事をするビジネスパーソンが目立ちます。週末も、教科書や参考書を広げて勉強している方が目につきます。きっと、いろいろな資格取得、ＴＯＥＩＣなどの英語の勉強など、それぞれの目標に向かってがんばっておられるのでしょう。

スターバックスは、基本的にはこうしたお客様を追い出しません。

長居をされればされるほど、売り上げが落ちてしまうのではないか？　それは、そのとおりです。じつは、スターバックスに対するお客様のクレームで圧倒的に多いのは、「混雑していて座れない……」です。

あなたも、スターバックスに入ったものの席が空いておらず、待たされたり、仕方がなくテイクアウトしたり、コーヒーを飲むことを諦めたりした経験があるのではないでしょうか。ひょっとすると、質問をした記者の方もそうだったのかもしれません。

せっかくご来店いただいたのに、混雑が理由でコーヒーを買えなかった。それは本当に申し訳ないことです。そして、経営者として売り上げを最大化することだけを考えるのならば、混雑時は席を専有できるのは1時間とか2時間とルールを定めて、売り上げをしっかり確保することが大切になります。実際そう言う貼り紙をしているコーヒーショップもあります。

でも、スターバックスはそうしない。

なぜなら、スターバックスのミッションは、コーヒーを売ることではないからです。

なぜスターバックスは長居する客を追い出さないのか

スターバックスは、BHAG《ビーハグ》として次の言葉を掲げています。

「人々の心に活力と栄養を与えるブランドとして世界でもっとも知られ、尊敬される企業になること」（著者訳）

BHAGとは、Big Hairy Audacious Goal の略。「社運を賭けた大胆な目標」です。

ここには、「コーヒーを売る」とか、「売り上げや利益を追求する」といった言葉は出てきません。

学生さんでも、ビジネスパーソンでも、スターバックスに来たお客様が、リラックスできたり（活力を得る）、元気になったり（栄養をとる）すれば、それでいいのです。

それはスターバックスのミッションであり、確実に世の中のためになっていることだからです。

人々のために、おいしいコーヒーと居心地のよい環境を提供することを通じて、「人々の心に活力と栄養を与える」ことが、スターバックスの存在理由、つまりミッション（使命）なのです。

このインタビュー記事が出たあと、私は何人もの方から次のような言葉をかけていただきました。

「私も学生時代、毎日スターバックスに通って勉強させてもらいました。希望大学に合格できたのもスターバックスのおかげです。ありがとうございました」

「コーヒー1杯で何時間も粘って仕事をしていました……。それでもお店の方々はいつも笑顔でとても親切でした」

「スターバックスで執筆をがんばっていた日々が懐かしい。お気に入りのコーヒーを飲むたび、またがんばろうという気分が高まってきました」

反応のあまりの多さに、私自身がびっくりしました。席を占有していた彼らは、スターバックスのもっともコアなファンになって、感謝や愛情に似た思いを抱いてくださっているのです！

彼らが1杯のコーヒーで2時間も3時間も席を使っていたことは、スターバックスの短期的な売り上げとしては確かにマイナスの要因だったかもしれません。しかし、彼らが長くお店にいた分だけ、世の中によい影響を与えているとしたら、それこそがスターバックスの存在理由なのです。そして、そんな彼らが今でもスターバックスのことを特別な存在として意識してくれているのです。

スターバックス躍進の立役者のひとりで、私の大好きなハワード・ビーハーは、こう述べています。

「私たちは人々のお腹を満たしているのではない。心を満たしているのだ」

スターバックスにとっては、コーヒーを売ることではなく、お客様の心を満たすことがビジネスの目的（パーパス）なのです。

こうしてミッションを通じて、両者の間には本質的な強い結びつきが生まれ、長いお付き合いになっていきます。

顧客は熱烈なファンとなり、**商品を通じて、その企業の理念（ミッション）を買ってい**

く。

中には仲間に加わる人も出てくる。結果として、企業は十分なリターンを長期的に得られるようになる。

もちろん、スターバックスは自信を持っておいしいコーヒーを提供し、すてきな空間と、高い意識を持つパートナーの笑顔がそれを彩っています。明確なミッションがあり、それを追い求めていると、単にお金を介してものやサービスをやりとりする、ということを超えた関係が生まれてくるのです。

具体的な例として、いくつかのスターバックスストーリーをご紹介しましょう。

スターバックスで本当に起きた5つの奇跡

奇跡1　認知症のおじいさん

私が店舗のパートナーから聞いた、あるお店での話。

そのお店には、開店間もない朝の時間帯に、必ずご来店くださるおじいさんがいました。

そのおじいさんはお店に来ると、決まってこう言います。

「ちっちゃいの、ちょうだい」

ドリップコーヒーのショートサイズをおじいさん流にオーダーすると、こんな表現になるのでした。

しかし、おじいさんは、お金やコーヒーの受け渡しも、席についてからの様子も、何となくおぼつかないところがあります。パートナーが実際にヒヤッとしたことも、一度や二度ではありませんでした。

毎朝通ってくださるので、やがてパートナーとは顔見知りになり、いろいろな言葉を交わすようになったのですが、毎日話をしているのに、おじいさんは前の日のことをまったくと言っていいほど覚えていません。同じことを何度も聞かれるし、同じ内容の話を何度も繰り返す。パートナーたちには、どうやらおじいさんが認知症であることがわかってきました。

認知症は、新しいこと、最近起きたことの記憶がなかなか保持できない一方で、過去の記憶は比較的保たれていると言います。そんな中偶然、おじいさんの誕生日がわかりました。

そこで、パートナーたちはおじいさんにプレゼントすることを決めました。みんなの寄せ書きも添えて。

誕生日の朝、プレゼントを手渡すと、おじいさんは「ありがとう」と言って、うれしそうな表情をしてくれました。しかし、パートナーたちは、おそらく数時間後にはその記憶がなくなってしまうことを知っていました。そもそも、おじいさんが今日という日を自分の誕生日として認識しているかどうかもあいまいです。それでも、笑顔が見られた。それだけで十分でした。おじいさんはプレゼントを持ち帰ってはくれましたが、案の定、翌日にはプレゼントのことも、誕生日のこともまったく覚えていませんでした。

ところが後日、中年の女性が店に現れます。おじいさんの娘さんでした。台所の机の上に見覚えのないプレゼントが置いてあったことに驚き、そして、毎朝通っているスターバックスのパートナーにもらったことを知って、感激してわざわざお礼を言いに来てくださったのです。

私が心を動かされたのは、認知症のおじいさんの誕生日を祝うパートナーたちのやさしい行動だけではありません。

この話を教えてくれたパートナーたちが感動していたのは、おじいさんが喜んでくれたことでも、娘さんがお礼を言いに来てくれたことでもない。おじいさんが、プレゼントと寄せ書きを、落とさずに家まで無事に持ち帰れた。よかった、本当によかった！　そのことがうれしくて、心から感激していたのです。

私は、パートナーたちのやさしさに、言葉を失いました。

奇跡2　交通事故と1杯のコーヒー

別のお店でのできごと。これは、お客様からお葉書をいただいて知ったすてきなストーリーです。

ある日、ドン！　というすさまじい音が響きました。びっくりしてウィンドウの外を見ると、お店のまさに目の前で交通事故が起きていたのです。

幸いにして、事故を起こしたドライバーの女性をはじめ、関係者に怪我はないようでした。

ただ、そのドライバーの女性はショックを受けて歩道に突っ立ち、顔を白くして警察の到着を待っている様子でした。

すると、それを見ていたパートナーがコーヒーを1杯持って、外に出ていったのです。

彼女はドライバーに笑顔で声をかけ、「どうぞこれを飲んで心を落ち着かせてください」とコーヒーを手渡しました。

もちろん女性ドライバーはスターバックスのお客様ではなく、たまたま事故を起こしてしまったのが店の前だったというだけです。

アルバイトのパートナーがとっさにこのようなことができる。事前にマニュアルには書けない対応をしてくれました。

「もし台風や震災などで困っている人がいたら助けてほしい。水が必要な人がいたら、ペットボトルを差し出してあげてほしい。スターバックスの社員である前に人間として正しい判断をしてほしい。私は、必ずその判断を支持します」

という私のマネジメントレターの言葉を思い出し、その女性にコーヒーを差し出してくれたのかもしれません。

本当にすばらしい対応だと思いました。当の私が、目の前で同じことが起こったとして、自分の判断で果たしてそんなとっさの対応ができるだろうか？　思わず自問してしまいました。

奇跡3　早朝のシナモンロール

もう1通、私がある経営者の方からいただいたお手紙を紹介します。

高校生になるお嬢様は、スターバックスの大ファンで、学校帰りには毎日のように都内のある店舗に通っていました。

彼女がスターバックスのファンになった理由は、その店で働くあるパートナーの仕事ぶりにあこがれを抱いてくださったこと。家に帰るといつもパートナーの話をし、自分もいつかスターバックスに入って、そのパートナーと一緒に働きたい、という夢を持っていたのだそうです。

しかし彼女は、幼い頃から心臓に病気を抱え、移植の順番を待っていました。日本で移植医療はなかなか受けにくいので、家族でアメリカに渡って移植のチャンスを待とうと決断されました。

出発の前日、しばらく日本を離れるに当たって、お父様は、日本での最後の食事は何がいいかを尋ねます。すると彼女は、「いつものお店の、焼きたてのシナモンロールがいい」と、〝わがまま〟を口にします。翌日に日本を発つのは午前の便。早朝に自宅を出発しなければなりません。

自宅を出る時間は、まだ開店前です。お父様はその願いを叶えたい一心で、彼女が通っていたスターバックスに行き、あこがれのパートナーに、無理を承知で頼み込みました。翌日の早朝。最寄り駅に、焼きたてのシナモンロールと手紙が入った袋を抱えたパートナーが、笑顔で待っていました。

「スターバックスで働きたい」という彼女の夢は、残念ながら叶いませんでした。日本に戻ることなく、短い生涯を終えたのです。しかし、異国での闘病生活でも、彼女が前向きな気持ちを失うことは決してなかったと言います。いつかグリーンのエプロンを身につける日が来ることを夢見ていたそうです。

お父様は、スターバックスのパートナーの対応のすばらしさを私に伝えてくれただけでなく、こうしたパートナーたちを、CEOとしてどうか大切にしてほしい、とまでメッセージを添えてくださいました。

私は、スターバックスに入って時間が経っていなかったので、あまりの感動的なストーリーにとても驚いてしまいました。しかししばらくして、こうした行動は、スターバックスのパートナーが日々普通に行っている接客であると強く思うようになりました。

常識で考えれば、営業時間外に、しかも店舗外に商品を持ち出し、金銭の授受をするのはルール違反です。多店舗展開している企業であれば、処罰の対象にすらなってしまうかもしれません。

スターバックスのマニュアルには、どこにも「店の前で交通事故が発生したら、コーヒーをサービスしなさい」なんて書いてありません。「渡米前の人には時間外に商品を届けなさい」とも書いていない。すべてはそのパートナー自身が、自分で考え、スターバックスのミッションに則り、自ら行動しただけです。ひとりひとりの心の中にミッションが息づいているからこそできる行動です。それが、顧客満足とか、サービスといった言葉を大きく超越した「感動」を生み出しているのです。

奇跡4　「本場」シアトルの感動接客

次に私自身が経験した話です。

私はスターバックスコーヒージャパンのCEOに就任後すぐに、1か月ほどスターバックス創業の地であり、本社のあるシアトルで研修をすることになりました。本社オフィスに出向いて、いろいろな部署のトップと話したり、シアトルのお店回りをしたりすることがメインでした。

ひとりで来ているので、夜になると時間を持て余してしまいます。シアトルは大都市ですが、東京と比較すれば、夜は格段に早く店が閉まります。そこで、毎晩のように映画館に通いました。

映画館の前にはスターバックスの店舗がありました。ひとりで食べる夕食は、どんなご馳走を食べても味気ないもの。高級レストランへ行くよりも、温かみのあるスターバックスのお店で、映画までの時間待ちを利用して、簡単に食事をすることにしました。

夜遅いこともあって店内は人気が少なく、さらに寂しい気分になりました。日本に帰ったら絶対にスターバックスで温かい食べ物を開発するよう担当者にお願いしてみようなどと考えていました。私は寂しさもあってお店のパートナーに話しかけたくなりました。

「やあ、私は、日本のスターバックスからから来たんだよ。。今、サポートセンターで研修しているんだ」（スターバックスでは本社のことをサポートセンターと呼びます）。

そのパートナーは、40代前半くらいの太った男性。私より少し年下で人のよい雰囲気でした。彼も私のことを「寂しそうに食事をしているアジア系の客」と認識し、気にかけていてくれたようでした。

すると彼（うかつなことですが、どうしても名前が思い出せません）は、

「そうなのか！　じゃあ、今時間があるから、お前にいいものを見せてやるよ。こっちに入って来いよ」

と言って、私を手招きするのです！

カウンターの内側に入ってみると、彼が見せてくれたのは、ぴかぴかの見たことのないコーヒーマシンでした。そして手際よくコーヒーを1杯淹れて、私に味見をすすめるのです。

「この味は、日本ではまだ経験できないはずだよ。ぜひ飲んで行けよ！」

確かにそれは、日本ではまだ導入されていない最新式の機械でした。1杯ずつ手で淹れるので、ひと味違う深みのある、でも、スムースな味がしました。

「おいしい！」

私が言うと、彼はニコニコして、

「そうだろう？　最新型のマシンだからな！」

と、少し自慢げに教えてくれたのです。お客様が少ないのをいいことに、新しいマシンについて熱心にレクチャーしてくれました。

私にとっては、最新型のコーヒーマシンも、香り高いコーヒーの味も、じつは小道具に過ぎません。異国の街で寂しそうにしている人間に、彼がまるで長年の仲間かのように振る舞ってくれ、そしてわざわざカウンターの中に招き入れて、楽しそうに教えてくれる。第一、本当に私が日本のスターバックスの人間だと信じて疑わないことが、とてもうれしいではありませんか！

こんなこと、普通のお店で起こるでしょうか？　しかも彼は、店長でも何でもなさそうです。日本でいうところのアルバイトのようでした。

私はシアトルの街角で身を持って、ある意味研修以上に、スターバックスという企業の本質的な部分を知ることができたのです。

奇跡5　クロージング・セレモニー

お客様は、予想外のサービスを経験すると、もはや「スターバックスが好き」という段階を通り越して、家族のように愛してくださるようになります。

そして、そんな関係が構築されると、時々お客様から大変な贈り物をいただくことがあります。

これは、あるパートナーから聞いた話です。

スターバックスがいくら売り上げや利益のためにコーヒーを売っているのではないとは言え、どうしても閉店せざるを得ない店舗は出てきてしまいます。

彼がかつて勤務していた店舗にも、「大変残念ではありますが、○月○日で閉店させていただくことになりました。ありがとうございました」という貼り紙が掲示されました。

でも、閉店当日に、店頭で何か特別なセレモニーがあるわけではありません。いつもどおりにお店を開け、いつものようにお客様にコーヒーを手渡し、いつものように閉店する。そして、閉店後に、パートナーがお互いをねぎらうだけです。

ところが、夕方を過ぎて閉店の時刻が迫ってくると、いつも通ってくれていたあの人も、あの人も、ちらほらと自然とお店に集まってきました。

そして彼らは、最後となるオーダーに、決まって一言パートナーをねぎらう言葉を添えてくれました。

「今まで本当にありがとうございました」
「いいお店だったのに、残念ですね」
「お疲れ様でした。○○さんはこれからどうするの？」

中には、その店舗への想いを語りながら、涙を流して別れを惜しんでくださる方もいたと言います。パートナーも、泣きながらお礼を述べます。その様子を、他のお客様も微笑みながら見守っています。お別れセレモニーがあるわけでもないのに、店内はまさに涙、涙で包まれました。

お客様が、自分が暮らし、働く街にスターバックスがあることに価値を感じ、心から愛してくださっている。単なる店員と客との関係を超え、まるで家族のような愛情を示してくださる。本当に有り難く、すばらしく、とてもうれしいことです。

出店を計画した時の予想と違って、人の流れが悪かったり、周りの環境が大きく変化したりして業績が悪くなり閉店することは、どんな業態でも避けられないことです。しかし経営者としては、自分の力が足りなかったことでパートナーに対して申し訳ない気持ちになります。つらい閉店をせずに済むようもっとがんばらなければと思っていました。

お店がブランドの発信源

おそらく読者のみなさんにとって、今ご紹介した5つの話どれもが初耳だったはずです。でも多くの方は、「ああ、スターバックスなら、確かにそんなことがあっても不思議ではないな」と納得してくださることでしょう。

こうしたストーリーは、私が知らないだけで、きっと毎日あちらこちらで起きています。そして、期待を超える感動経験をしたお客様は、家族や友人にスターバックスで起きたことを楽しそうに話してくれます。

おいしいコーヒーや素敵なインテリアなどのハード面だけではない「スターバックスでなくてはならない」、「スターバックスでしか味わえない」とお客様に思ってもらえる価値が、広く認識されていくのです。

スターバックスは、ごくわずかな例外を除いて、日本では広告を打ちません。それでも、お客様自身が口コミでスターバックス伝説を語り合い、確固としたブランドが構築されています。

ミッションを持ち、追求している企業には強いブランド力があります。つまりミッションがひとりひとりの社員に浸透し、それがお客様に伝わりブランドになっているのです。**ミッションを愚直に追求することが何よりのブランド戦略**なのです。

私が、このような明確なミッションを持つブランドが放つ輝きに初めて気づいたのは、じつはスターバックスに来る前のことです。

ザ・ボディショップのCEOは入国審査フリーパス!?

私はスターバックスに入る前、イオン系列のイオンフォレストという企業の社長をしていました。日本で自然派化粧品のザ・ボディショップを展開している企業です。在職中、ブランドとミッションを考えるうえで忘れられないできごとがありました。

私は社員たちのがんばりに支えられ、ブームが過ぎて低迷していた日本のザ・ボディショップの業績を再び上向きに転じさせることに成功しました。

ザ・ボディショップはイギリス発祥で、本部はイギリスにあります。イオンフォレストは、イギリス本国のザ・ボディショップからライセンスを受け、日本においてビジネスを展開しているフランチャイジーです。本部が定期的にフランチャイジーを集めて主宰する会議があります。世界をいくつかの地域に分類し、たとえばアジア太平洋地域であれば、シンガポールのヘッドクオーター（本社）で行われるのが恒例です。

この地域で、ザ・ボディショップが展開されている経済規模がもっとも大きい国は日本です（中国には動物実験の問題から展開していません）。しかし、オーストラリアは、長年日本を凌ぐ売り上げを誇っていました。

オーストラリアは面積こそ広大ですが、当時は経済規模で言えば日本の5分の1程度。人口は2000万人強しかいないのに、日本よりも売り上げが大きかったのです。

オーストラリアのザ・ボディショップのCEOであるグレアムさんは、創業者のアニータ・ロディックとも親しく、本部にも影響力、発言力のある人物でした。アニータが経営から離れたあとは、ある意味で「ザ・ボディショップらしさ」のお目つけ役にもなっていたのです。

フランチャイジー会議では、本部に対して、「それは、ザ・ボディショップらしくない」といつも異議を唱えていました。私は正直ちょっとうるさい人だなあと感じていました。

私がCEOに就任して以来売り上げを伸ばし、オーストラリアを抜いてアジアでは1位の売り上げになりました。そこでアジア本社から依頼を受けてその会議で日本のビジネスの取り組みについてプレゼンをしました。すると、感銘を受けたグレアムさんは、オーストラリアに遊びに来てほしいと熱心に誘ってくれました。私はオーストラリアでザ・ボディショップが受け入れられている理由が知りたくて、視察に出かけました。

ところが、現地のザ・ボディショップを視察する前から、そのすごさを体感することになります。

シドニー空港の入国審査のブースに行くと、えらそうな審査官が、私のことを胡散臭そうに見て、「ネクスト!」と横柄に呼びました。

「日本から来たのか? 何しに来た? ビジネス? どこに行くんだ?」

顔も上げずに、訛りの強い英語で矢継ぎ早に聞いてきます。

ところが、私が「ザ・ボディショップに行くんだ」

こういうと彼は顔を上げました。

「私は日本のザ・ボディショップの人間だ」

すると、彼の態度が一変します。

「ザ・ボディショップ⁉　知ってるぞ！」

その反応にうれしくなったので、「私は日本のザ・ボディショップのＣＥＯだ」と伝えました。すると彼は感激した様子で、こう言いました。

「おれはあの会社を尊敬しているんだ！　あんた、すごいな！　さあ、通ってくれ！」

そしてポンッとスタンプを押したパスポートを返してくれるのです。私は考え込んでしまいました。もし成田空港で海外のザ・ボディショップの関係者が、自分がザ・ボディショップに勤めていると言ったとしたら、それだけで、入国審査官の態度が一変してこんな対応をしてくれるかと。日本でザ・ボディショップのブランドがそこまで広く尊敬の念を持たれているのか？　残念ながらこんなこと、日本ではあり得ません！

オーストラリア人にとって、ザ・ボディショップは、入国審査をフリーパスにさせてしまうほどのブランドだったのです。そこまでさせるには、単にいいものを売っているとか、いいサービスをしているとかいうレベルを超越した何かがあるはずです。

その鍵を握っているのは、創業者のアニータ・ロディックのミッションです。彼女が生涯をかけて取り組んだ「社会変革」というミッション。それを本国イギリス以上に継承しているグレアムさんたち、オーストラリアのザ・ボディショップの人たちが、特別なブランドにしているのです。訪問した店舗や本社では本当に隅々までそのミッションが浸透していました。私は売り上げでアジアNo．1になって少し天狗になっていた自分自身をとても恥じました。

日本人にはもともと「感動の接客」が根づいている

感動的な接客で顧客を魅了している企業は、ミッションを大切にしています。それは何もスターバックスやザ・ボディショップのような、外資系企業の専売特許ではないと思います。

むしろ、「**おもてなしの精神**」や「真心のサービス」のようなものは、日本人が古来から持っているものです。老舗の旅館や料亭では昔から普通に行われています。あのディズニーランドだって、アメリカと比べても日本のホスピタリティが勝っていると感じます。オリジナルを超えているのです。

スターバックスも、日本にやって来て独自の進化を遂げ、本国のスターバックスよりクオリティが高い。もちろんアメリカにもすばらしい店舗は多数ありますが、日本のほうがばらつきが少なく平均点では圧倒的に高い。これは断言できます。

日本人の中にもともとあった心。それは、「ホスピタリティ」というだけではちょっと表現しきれない、とても繊細なものです。

私は「プリクラ」で知られるアトラスという企業で社長をしていたことがあります。この会社はゲームセンターも経営していて、店長を集めた会議を定期的に行っていました。あるホテルで会議を行ったときのこと。会場は2階にあり、出席者は1階から順次エレベーターで移動するのですが、エレベーターが常に1階で、ドアを開けた状態で停まっていることに気づきました。私たちが少しでもストレスなく移動できるよう、心が尽くされていたのです。

そのことへの感謝をホテルの担当者に伝えると、びっくりして、とてもうれしそうでした。なぜなら、ほとんどの利用客はそうした心づかいに気がつかないからです。そのことに気づいたのは、私でふたり目だったそうです。もちろんホテルも、お礼を言われたくてそうしているわけではありません。

こんなちょっとした気配り、おもてなしの精神が日本のそこここにあふれています。

私が経験したことだけでも、両手で収まらないくらいの実例があります。少しご紹介します。

感動体験1　ＭＫタクシーの「空気感」

京都発祥のＭＫタクシーは、乗り降りの際に、運転手さんが運転席から降りてドアを開けてくれることで有名になったタクシー会社です。私も名前程度は知っていたのですが、実際にとても感動する体験をしたことがあります。

アトラスの社長をしていたときのこと。東京から九州に出張する際、秘書さんが羽田空港までＭＫタクシーを手配してくれました。

ところが、首都高速は大渋滞。予約した便の出発までそれほど時間があるわけではなく、少し焦っていました。

それを察したのか、運転手さんはＭＫタクシー本部に渋滞情報や最速のルートをたびたび確認し、その都度、「あと20分もあれば大丈夫です」、「このルートなら、あと5分で着きます」と、こちらが一番知りたい情報をこまめに教えてくれます。これで遅れたら仕方がないと思えるほどベストを尽くしてくれました。

私は、さすがはＭＫタクシーだと感心し、運転手さんに、「もし今晩の帰りも羽田空港の近くにいたら、乗せてもらえませんか？」とお願いしました。私は帰りの便の時刻を伝え、運転手さんも電話番号を教えてくれました。

しかし、東京に戻る夕方に台風が接近し、航空ダイヤは大混乱。予定の時刻よりも大幅に遅れてしまいました。

それでも私は、羽田に着いて携帯電話の電源を入れると、教えてもらった電話番号にかけていました。もしあの運転手さんが近くにいたら、少しくらい空港で待たされてもいい。そんな気持ちでいたのです。

ところが、電話の向こうから聞こえた運転手さんの返答に、私は言葉を失います。

「岩田様、お帰りなさいませ。今、到着ターミナルでお待ちしております」

私は、飛行機が遅れたことも、そもそも本当に連絡するかどうかもはっきり伝えたわけではありません。それなのに彼は、雨が降る中、ごく当たり前のことのように、傘をさしてクルマの外で待っていてくれたのです。

びっくりして駆けつけた私は、何の保証もないのにどうして待っていてくれたのかを尋ねました。

「岩田様には、必ずお電話いただけると思っておりましたので、お待ちしておりました」

それまで、ＭＫタクシーのサービスの評判は聞いていましたが、これほどまでとは……。

感激した私は、「今後できるだけあなたのクルマに乗りたいので、また連絡します。よろしくお願いします」と頼みました。ところが、彼の返答は、またまた私の想像を超えたものでした。

「私以外の運転手も、みな同じように仕事をいたしますので、どうぞこれからもＭＫタクシーをご利用ください！」

私は何重にも感動し、それ以来機会があれば必ずＭＫタクシーを利用するようになりました。

感動体験２　日本料理屋の塗り箸

東京・九段の靖国神社の近くに、よく名の知られた日本料理店があります。

私が初めてそこで食事をいただいたとき、評判どおりのすばらしい料理を堪能しました。

ただ、料理がとてもよいのに、お箸が安っぽい割り箸だったことにだけ、少し違和感を覚えました。

そこで帰り際、「お料理をとてもおいしくいただきました。ごちそうさまでした。ただ、このお料理にあの割り箸ではあまりにもったいないと思います」と、素直に気持ちを伝えました。

しかし次にそのお店を訪れる機会は、3年間ほどありませんでした。

久しぶりに行くことになり、私は、割り箸のことを思い出していました。もちろん私のことなんて覚えているはずもなく、今日もまた割り箸でいただくことになるのかな、と敷居をまたいだのです。

するとそっと塗り箸が出されたのでした。周りを見渡すと他のお客様のお箸は、従来通りの割り箸でした。その店は、3年前の、名乗ってもいない客の顔を覚えていて、私のためだけに塗り箸を用意して待っていた、というのです。

感動したのはもちろんなのですが、どうしてそんなことができるのか、本当に驚きでした。

感動体験3　イタリアンレストランのマジック

今度はイタリアンレストランで受けた感動の心づかいをご紹介します。

東京の青山にあるそのレストランは、私がスターバックスのCEO時代、ある方の紹介で、当時ソニー・コンピュータエンタテインメント（SCE）の会長との会食でうかがいました。私が選んだわけではなく、間に立った方が、「味もサービスも申し分ないレストランです」という理由でセッティングしてくださったのです。

果たしてどんなサービスが展開されるのか楽しみでした。3階にあるお店でしたが、1階のエレベーター前に女性が立っていて、私の顔を見るなり「岩田様ですね、お待ち申し上げておりました」と声をかけてきます。

初めて来た店なのに、どうやって私の顔を知ったのか。スターバックスのロゴが入った袋を持っていましたから、それで識別したのかもしれません。いずれにしても、先制パンチを食らった感じでした。

3階のお店に案内されると、テーブルの上には、SCEとスターバックスのロゴが貼られた行灯《あんどん》が、対になって用意されていました。これもまた、細やかな気づかいだと感じました。楽しく会食は進み、料理もすばらしかった。最後にオーナーが挨拶に来られました。

彼は、近所のスターバックスで起きたエピソードを私に教えてくれました。

彼が毎日通っている骨董通りのお店でコーヒーをオーダーし、代金を支払う段になって、財布を忘れてきたことに気づきました。オドオドしていると、その店のパートナーは、何のためらいもなく「次回のご来店時で結構ですよ」と言ってくれたというのです。彼はすっかり感激し、「スターバックスはツケがきく」と、従業員や知り合いに自慢して回ったと言います。

こんな話を聞かされて、CEOとしてはいい気分にならないはずがありません。まさに心まで満足して、私たちは3階のお店をあとにします。エレベーターに収まると、オーナーをはじめシェフや店員のみなさんが、頭を下げて扉が閉まるまで見送ってくれます。

ところが、びっくりしたのはこのあとです。

十数秒後、1階に降りて扉が開くと、3階にいたはずのオーナー以下の面々が、同じように待っているではありませんか！　そして「雨が降り出しておりますから、この傘をお使いください」と言って、傘を手渡してくれるのです。

これには、ここまでやるか！　という気持ちになりました。そして、驚く私たちを見てニコニコしている彼らは、お客様に感動してもらうことを、心から生きがいにしているのだと感じました。

感動体験4　加賀屋のお見送り

このイタリアンレストランでの経験は、私に石川県の和倉温泉にある「加賀屋」という老舗旅館での思い出を呼び起こさせました。ザ・ボディショップの社長をしていた頃の話です。

加賀屋の大女将《おおおかみ》は、金沢のザ・ボディショップの長年のお得意様です。私はお礼も兼ねて、一度、加賀屋で役員の研修会を開くことにしました。もちろん、噂の接客とはどのようなものなのかを学ばせていただくつもりでした。

到着すると、大女将を筆頭に着物姿の仲居さんたちが玄関前にずらっと並び、私たちを出迎えてくれます。このスタイルは、加賀屋が先鞭《せんべん》をつけたと言われています。

今後の会社の方向性などを話し合うために来た私たちに、仲居さんがひとりついてくださいました。いったいどうやって感動させてくれるのか、とこっそり観察していたのですが、彼女は、私たちにつかず離れず、いるかいないのかわからなくなるような絶妙なポジションをキープしているのです。まるで空気のようでした。

だれかがトイレに立てば、すっと案内してくれる。何か困ったことはないかと常に観察している。しかし、存在を感じさせない。常にさりげないのです。

夜の食事では、大女将がわざわざ挨拶に来られました。これで、加賀屋の秘密は理解したつもりでした。

でも、クライマックスはこれからでした。

翌朝、駅までタクシーに分乗して帰るときも、着物姿の仲居さんたちが並んで見送ってくれます。最敬礼をして、クルマが動き出すと見えなくなるまで手を振ってくれる。ところが、ひとりの仲居さんが手を振りながら突然砂利道を小走りし始め、タクシーを追いかけて来るではありませんか！　私たちを担当してくれた仲居さんでした。

まるで離れ離れになってしまう恋人を見送るかのような、映画のワンシーンのようなできごとでした。

「そんなに走ったら危ない……」と私たちはタクシーの窓に顔をくっつけて彼女を見ていました。そのときの私は、完全に期待を超えたできごとに圧倒されてしまいました。「プロが選ぶ日本のホテル・旅館１００選」（全国の旅館業者の中から選定）の総合部門１位として「36年連続」認定・表彰されている理由の一端を垣間見ることができました。

お客様の期待を超えて!

人々を感動させているのは決して外資系企業だけではなく、ましてスターバックスだけでもありません。

お客様は、商品やサービスなどに心を動かされることそのものに対して、喜んで代金を払っているのです。

加賀屋の仲居さんはなぜ走るのか? 私はきっと加賀屋さんにも細かなマニュアルなどないと思います。

以前加賀屋のホームページをのぞいてみたところ、お客様には「**できませんとは言いません**」というスローガンが書かれていました。これはスターバックスの「Just Say Yes!」と同じことを意味しています。くつろいでほしい。ゆっくりリラックスしてほしい。そうした、極めてシンプルかつわかりやすいミッションだけが決められていて、その場その場で何をするべきかは、従業員に委ねられている。今流行りの言葉で言えば、従業員のみなさんに何をするかをすべて「**エンパワメント**」（権限委譲）されているのです。みんなが自分の頭で、お客様のために今何をすべきかを考えるからこそ、ときに期待を大きく超える感動が生み出されるのです。

お客様の期待どおりは「満足」です。それはぎりぎりルールやマニュアルで達成できるかもしれません。しかしお客様の期待を大きく超えて初めて「感動」が起こるのです。それが起こるかはルールやマニュアルではなくて、ひとりひとりが「ミッション」に従った行動をできるかどうかにかかっています。極端なことを言うとルールやマニュアルを破って初めて感動が起こるのです。

日本の店舗では、お客様が来れば「いらっしゃいませ」と声をかけるのが普通です。ただお客様は、機械的に、反射的に発声された「いらっしゃいませ」という音と、心から感謝を込めて発した言葉を区別することができます。ドアが開けば自動的に鳴る合成音声の「イラッシャイマセ」という言葉に感動する人など、だれもいません。お客様を笑顔で迎え「よく来てくださいましたね！」という真心が伝わるから、感動するのです。

ミッションがしっかり浸透している企業からは、それが伝わってくる。そこで働く人々はミッションに沿った行動が自然に行えるからです。

企業はだれのために、何のために存在しているのか？

ミッションと感動のサービスを考えていくと、そもそも「企業はだれのために、何のために存在しているのか？」という話に行き着きます。

ビジネススクールや経営学の教科書では、「企業は株主のために存在している」と教えます。

その典型的な立場をとったのが、ノーベル経済学賞を受賞し、マネタリストの祖として知られるミルトン・フリードマンです。フリードマンは、有名な著作『資本主義と自由』の中で、こう説いています。

「市場経済において企業が負うべき社会的責任は、公正かつ自由でオープンな競争を行うというルールを守り、資源を有効活用して利潤追求のための事業活動に専念することだ。これが、企業に課されたただ一つの社会的責任である。（中略）企業経営者の使命は株主利益の最大化であり、それ以外の社会的責任を引き受ける傾向が強まることほど、自由社会にとって危険なことはない。これは、自由社会の土台を根底から揺るがす現象であり、社会的責任は自由を破壊するものである」

（ミルトン・フリードマン、村井章子・訳『資本主義と自由』日経ＢＰ社）

この教えに従えば、「**企業の目的は利益の最大化**」のみということになります。そしてその利益とは、明確に「**株主の利益**」と定義されています。

金儲け以外は考えるな。株主以外のことは考えるな。それが本当に正しいのなら、私がご紹介したスターバックスのパートナーたちの行動はすべて認められなくなります。無料でコーヒーを配ってしまうのですから。見方によっては株主価値を毀損していることになります。

もし私たちが、フリードマンの説に１００％賛同するのなら、交通事故を起こした人に落ち着いてもらうためにコーヒーを配ったパートナーを叱責しなければなりません。でも、実際は多くの人が、それをいい話、心温まるストーリーとして認識し、あるべき企業の姿として尊敬して、喜んでスターバックスに通い続けている。

結果として、スターバックスのブランド価値はますます向上していきます。

ミッションさえあれば、ビジョンもパッションも自然とわき上がる

私は、アメリカのビジネススクールで、**経営者の使命は「株主価値の最大化」**と学びました。しかし、実際経営者になって、この考えには**大きな違和感**を持たずにはいられませんでした。たとえばデイトレーダーのような人は、短時間に株式を売ったり買ったりします。その人にとっては企業の中身などどうでもよくて、儲かればよいと思って株式を売買しています。私はこんな人たちのために日々一所懸命経営をしないといけないとは到底思えないのです。

このもやもやした思いがはっきりと晴れたのは、ザ・ボディショップの社長をしていた、ある日のことでした。

「企業は、世の中をよくするために存在する」

この考えは、ある日突然、**「天の啓示」**のように、私のところに舞い降りてきたのです。

企業は世の中をよくするために存在している。そうだ！ ザ・ボディショップは化粧品を通じて、スターバックスはコーヒーを通じて、世の中をよくしているのだ――この考えがスーッとお腹の中に落ちました。しかしいくら世の中に対してよいことをしようと思っていても、利益が上がらなければお店も作れない、研究開発もできない。そもそも企業として継続できません。**利益は目的でなくて、ミッションを実現するための手段**なのです。経営の神様のドラッカーも同じ趣旨のことを言っています。

世の中をよくしたいという想いでコーヒーを売っているスターバックスのブランドは、だれも追いつけないレベルにまで高まっています。

経営者にとって大切なことは、**ミッション**、**ビジョン**、そして**パッション**だとよく言われます。私は、この中でもミッションが特に重要だと考えています。ミッションつまり**使命感**さえしっかりしていれば、将来に向けたよいビジョンが描け、熱いパッションは自然とわき上がってくるはずです。私にそれを教えてくれたのは、ザ・ボディショップと、心から尊敬する創業者のアニータ・ロディック。その考えを確信に変えてくれたのが、スターバックスだと言えます。

より具体的なストーリーを通じて、それを振り返っていきます。

第2章

ザ・ボディショップとアニータ・ロディック

私の人生を駆り立ててきた原動力は何かと問われれば、
私はいつでも、情熱だと答えます。
私の強い信念は、ビジネスは楽しいものになり得るのであり、
愛と善意の強い力で行えるものだということです。

――アニータ・ロディック

「岩田さん、どこの会社に行きたいですか?」

私とザ・ボディショップとの出合いは、今振り返れば、偶然の要素に満ちていました。

私はアトラス、タカラと、アミューズメントにかかわる仕事をしたあと、あるヘッドハンティング会社から、イオンの子会社でアミューズメント関係の会社が新しい社長を探しているという連絡をもらいました。

そこで当時イオングループの人事を統括していた専務(以後私のメンターとして大変お世話になった方です)と面談を重ねていたのですが、途中で事情が変わり、その会社の社長には、グループ内の別の人物を充てることになりました。

幸いにもその専務さんは私のことを気に入ってくださり、「別にゲーム会社でなくてもよいでしょう? 岩田さん、どこの会社に行きたいですか?」と、改めて別のイオングループ企業から3つの選択肢を示してくださいました。

・ローラ アシュレイ ジャパン(衣料品、家具・インテリアのブランド)
・メガスポーツ(スポーツ用品店「スポーツオーソリティ」を展開)

・イオンフォレスト（自然派化粧品「ザ・ボディショップ」を展開）

売り上げは、イオンフォレストが圧倒的に小規模でした。ただ、すでに社長の交代が内定しているので、ここならすぐに社長として迎えることができると言われ、即座にイオンフォレストを選択しました。

当時の私がこだわったポイントは、「トップとして経営判断を任せてもらえるかどうか」。会社の規模ではありませんでした。現在はタカラトミーとなっているタカラは、合併前でも売り上げ1000億円規模の大企業でしたが、私のポジションは常務。どれだけ会社の規模が大きくても、最終的な意思決定者ではありませんでした。タカラは大好きでしたが、当時の社長との経営に対する意見が異なり、またポジションには魅力を感じなくなっていました。

1990年に東京・表参道に日本第1号店を出店したザ・ボディショップは、90年代半ばから後半にかけて高校生を中心にブームとなり、出店数も100店舗を超えて90億円ほどに売り上げを拡大。ただその後はブームが過ぎて長期間の低迷に入り、2000年以降の売り上げは最盛期の3分の2の60億円前後で横ばいが続いていました。赤字にこそなってはいなかったものの、利益も1億円台の底ばいで、再浮上のきっかけをなかなかつかめずにいる状態でした。

私は会社の規模や業種についてはあまり気にかけていませんでした。もう一度トップとして会社を率いることに魅力を感じていたのです。

アニータの怒りと「ファイブ・バリューズ」

当時の私は、ザ・ボディショップについては、知識をほとんど持っていませんでした。それどころか、小売業そのものが初めての経験だったのです。

とにかく、まずは世界的なブランドであるザ・ボディショップについて勉強することにしました。早速、創業者アニータ・ロディックの著書『BODY AND SOUL』を取り寄せ、読み始めました。

とても驚きました。いきなり「美容ビジネスは欺瞞《ぎまん》だ」と始まるこの本は、美辞麗句で固め嘘をつく美容業界、さらに社会全体の不正に対する怒りに満ちていました。既存の化粧品ビジネスは女性の不安を煽り、莫大な広告と過剰包装によって法外な値段で化粧品を売っていると。アニータは自らを経営者ではなく、社会変革のために戦う「アクティビスト」（活動家）であると言っていました。

ザ・ボディショップには、

「社会と環境の変革を追求し、事業を行うこと」

'To dedicate our business to the pursuit of social and environmental change.'

というミッションがあります。そのミッションは**5つの価値観**（ファイブ・バリューズ）から成り立っています。

1　**Against Animal Testing（化粧品の動物実験に反対しています）**
2　Support Community Fair Trade（コミュニティ・フェアトレードを推進しています）
3　Activate Self Esteem（自分らしさを大切にします）
4　Defend Human Rights（**人権を尊重します**）
5　Protect Our Planet（**環境の保護に努めています**）

（ザ・ボディショップ　ホームページより）

たとえば最初のバリュー（価値観・行動指針）は、女性の美のために尊い動物の命が犠牲になるのはおかしい、動物実験に反対する立場をとる、という宣言です。

当時は、ほとんどの化粧品メーカーは化粧品の安全性を確認するために、ウサギの目に化粧品を入れていました。当然のことながらウサギは死んでしまいます。

アニータはそれを知り、猛烈に化粧品の動物実験に対して抗議活動をします。ところが大手化粧品企業はイギリス議会に働きかけ、「安全性の面から動物実験を経ていない化粧品を売ってはいけない」という法案を通そうとしました。アニータはまさに怒り狂い、お客様から500万人以上もの反対署名を集めて議会に突きつけ、圧力をかけました。その結果でき上がった法案は、当初とは正反対の、「動物実験をしている化粧品は売ることができない」というものでした。ひとりの女性の怒りが、法律を変え世の中を変えてしまったのです。

環境保護も同様です。途上国で森林が焼かれていることに、彼女は直接出向いて抗議し、デモの先頭に立ちます。ただ反対するだけでなく、アニータは実際に現場で起きていることを見に行きます。生活のために、森を焼かざるを得ない人たちを目にするのです。そして、どうすれば彼らが森を焼かずに生活できるかを考え始めます。その結果がコミュニティ（フェア）・トレード（支援を必要とする小さなコミュニティと、持続性のある取引関係を築くこと）です。何でもかんでも反対する環境団体と違って、自然破壊の解決策のひとつとして、フェアトレードを始めたのです。

「人権問題」についても取り組みました。児童就労、人身売買、臓器売買、家庭内暴力。地球上のあらゆる目を覆いたくなる問題が、アニータの怒りの対象でした。

「自分らしさを大切にする」というのは、アニータの言葉を借りれば、みんながスーパーモデルを目指すのはおかしい、ということです。世界に30億人の女性がいるが、スーパーモデルと呼ばれる女性はたった8人しかいない。あなたはあなたらしさを大切にしなさいと。肥満体のバービー人形を描いたポスターを配布したこともあります。太っていてもやせていても、背が高くても低くても、自分らしさを大切にすればよいというメッセージです。化粧品会社が、女性が常に自分の体に不安を抱くように仕向け、それにつけ込んで商品を販売するのは道徳に反している。みんなコンプレックスを捨て、もっと自分を尊重し、自分らしさを大切にしよう、という主張でした。採用面接に来る学生さんの中には、このキャンペーンに勇気づけられて応募した学生さんが少なからずいました。

ザ・ボディショップも、スターバックス同様あまり宣伝に熱心な企業ではありません。

しかし、アニータのラディカル（急進的）な活動を「ビッグマウス」と揶揄しながらメディアが多く取り上げ続け、彼女の怒りとミッションに共感するファンがますます増えていきました。ミッションに突き動かされている彼女のビジネスには、嘘がないからです。

ザ・ボディショップは、化粧品を製造販売しているのではなく、化粧品の製造販売を通じて社会変革を行っている企業であり、そこで働く人や、好んで店に足を運ぶお客様は、社会変革に一緒に取り組んでいる仲間だったのです。

『ＢＯＤＹ ＡＮＤ ＳＯＵＬ』の序文に、私が大好きなアニータの言葉があります。

「私の人生を駆り立ててきた原動力は何かと問われれば、私はいつでも、情熱だと答えます。私の強い信念は、ビジネスは楽しいものになり得るのであり、愛と善意の強い力で行えるものだということです。

人生と同じように、ビジネスにおいても、楽しくやっていけるということが私には必要です。働く仲間同士が、家族としての意識を持ち、地域社会に加わり、思いもかけなかったことへのスリルを常に味わっていたいのです。ザ・ボディショップで働く人たちにも、こういった気持ちを持ってもらいたいといつも考えてきました」

（アニータ・ロディック、杉田敏・訳『BODY AND SOUL——ボディショップの挑戦』ジャパンタイムズ）

私は、ザ・ボディショップのミッションに触れ、多くのことを学びました。私は当時すでに絶版となっていたこの『BODY AND SOUL』を、どうしても多くの人に読んでほしいと思い、2000部復刻印刷し、店頭で販売しました。

私がアニータ本人に会い、その魅力に圧倒されただけでなく、アニータもまるで古くからの友人のように私に接してくれました。日本のザ・ボディショップの仲間と同じように、いつもアニータのことを思って仕事をしていました。そして突然の悲報に接するのは、もう少しあとのことです。

小売の素人ならではの違和感

2005年の2月に私は ザ・ボディショップを日本で運営するイオンフォレストに入社しました。

小売業の経験がなかった私は、正式に社長に就任する前にいくつもの店舗を実際に歩いてみて、日産時代に見たあの「火花」は、ザ・ボディショップの場合どこで散っているのかを考えてみました。

好みの商品を選び、喜んでお金を支払ってくださったお客様を、笑顔で気持ちよく送り出す瞬間。それこそがザ・ボディショップの火花が散る瞬間なのではないだろうか？

果たして私たちイオンフォレストでは、すべての意識が火花の散る瞬間のために向けられているのだろうか？

私が実際にお店に行って最初に持った違和感は、お客様に向けられていた監視カメラでした。

お客様を感謝とともに送り出す、火花が散る瞬間のためにすべての力を向けなければならないのに、その代わりに監視カメラのレンズを向けている。輝いているのは火花ではなく、赤いLEDランプの鈍い光だったのです。

他にも、さまざまな違和感を覚えました。

お客様の目に触れる場所に放置された商品搬入用の折りたたみコンテナ。ほこりだらけの商品棚。業績悪化により経費削減ばかりが重視され、お店へのフォローも従業員のトレーニングもほとんど行われていませんでした。店長たちはお客様の多い日曜日の午後、月曜日に本社の営業会議で使う資料を作るためにバックルームにこもりっぱなし。

「おかしい！」

そう思わずにはいられませんでした。

ところが、ひとりひとりに話を聞いてみると、決してアニータのミッションを忘れているわけではないのです。彼女たち（ほとんどのスタッフは女性です）の多くはアニータの理念に共鳴していて、何よりザ・ボディショップの商品のファンでした。多くの優秀な人が、ザ・ボディショップは大好きだけれど、イオンフォレストは嫌いだ、と辞めて行っていました。

結果として、アルバイトまで含めた離職率は22％を超えるという、アニータの掲げたミッションの追求どころではない状況に陥っていました。

7つのお願い

社長就任前、お店を訪問したり、スタッフの人たちと話し合ったりして感じた素直な気持ちを「7つのお願い」として、社長就任挨拶の中で社員のみなさんに語りかけました。

1　一緒に働けるご縁を大切にしましょう。
2　ともに人間成長しましょう。
3　社長が交代しても具体的な行動を起こさなければ何も変わらない。「ひとりひとりが変革に参画する」気持ちで、会社をよくしていきましょう。
4　社長ではなく、お店を見て仕事をしましょう。お店重視・小売の原点に戻って仕事を振り返りましょう。
5　自分の大切な友人を自宅に招く気持ちで接客しましょう。
6　Back to the Basics　創業の原点に戻り、ファイブ・バリューズを大切にしましょう。常にフィードバックシステム（ＰＤＣＡサイクル）を仕事に取り込みましょう。

7　ブランドは「お約束」。ザ・ボディショップが目指すブランドにすべての仕事が有機的につながるよう、細部にこだわりましょう。

最初に、世の中に何十万、何百万という企業がある中で、今この瞬間、同じ会社で働いていることは、とても不思議なことです。このご縁を大切にしよう、お互い仲よくしようとお願いしました。社長就任前によく社員同士の中傷を耳にしたからです。

「仕事は人生の中で大きな部分を占めます。仕事を通じて仲間とともに人間的成長を目指しましょう。

会社を変革していくには、社長ひとりでは何もできない。みんながこの会社を自分たちで変えていく気持ちを持ちましょう。

小売の原点はお店。一番大切なのはお店の人たちです。社長ではなくお店を見て仕事をしましょう」など……。

まず本社で社員を集め、「7つのお願い」についてひとつひとつ話をすると、涙を流し始める人もいました。

全国各地の店長さんにもエリア毎に集まってもらい、直接説明を行いました。火花が散るのは店頭なのですから、まずは店長さんたちにしっかり理解してもらわないことには、何も変わりません。

恋人を迎えるようにお客様を迎える

7つのお願いの5番目は、大切な友人を自宅に招く気持ちで接客してほしい、というものでした。スタッフのほとんどは女性ですから、恋人に置き換えて考えてみてほしい、とお話ししました。

もしこれから恋人が自宅にやって来るとしたら、何をしますか？　散らかっているものを片づけ、掃除機をかけるのでは？　照明に凝ってみたり、玄関にはすてきなお香を焚いてみたりするはずでは？

同時に、愛する恋人が、自分の家から何かものを盗むことを疑う人がいるのか、ちょっと考えてみればわかるはずです。

小売業には、残念ながら万引きがつきものです。当時のザ・ボディショップのロス率（万引き被害額÷売り上げ）は4％。100万円の売り上げに対して4万円の商品が盗まれていました。

とはいえ、同じようにアニータのミッションに共感を持ち、ザ・ボディショップの商品を愛してくださるお客様に、監視カメラを向けることに私は違和感を覚えました。お客様を疑うなんておかしい。

すぐに監視カメラは外そうと訴えました。もちろん、強い懸念が社内にありましたが、物理的に取り外せないところ以外はほぼ全店撤去しました。

私は「お客様を友人と接するように迎えましょう」とお願いしました。にもかかわらず、お客様を疑う監視カメラがお店にはある。言っていることとやっていることが違う。もし万引き率が上がっても仕方がないと腹をくくったのです。

ところが、カメラを外したあと、逆に万引き率は半分以下に下がりました。カメラを取り外しても、お店のスタッフたちがお客様に目を配り、声をかけて接客を丁寧に行うことによって、結果的に万引き被害を減らせたのです。

万引きの多い、あるフランチャイズオーナーさんは、監視カメラを撤去しないどころか、お店のスタッフたちが休憩したり打ち合わせしたりするバックルームにまで、監視カメラを取りつけていました。フランチャイズなので強制力がないのですが、粘り強く説得して撤去してもらいました。お店のスタッフと経営者が信頼関係を構築できないのでは、絶対に店舗運営はうまくいかないだろうと思いました。

社員を大事にしない企業はミッションを実現できない

会社のミッションをいかに社員に浸透させるか、そして個人のミッションをいかに構築していけばよいのか。ここから、スターバックスなどの事例とともにそのヒントをご紹介していきます。

まず、最初に社員を大切にしない企業は、決してミッションの実現はできないし、ブランド構築もできないということです。

私が社長を務めた4年の間に、ザ・ボディショップは売り上げを大きく伸ばすことができました。掲げた目標は、就任当初67億円だった売り上げを、150億円にすること。私が退任した2008年度の売り上げは138億円で、150億円には届きませんでしたが、リーマン・ショックの影響を受けなければ、おそらく達成できていたはずです。

利益については、約5倍にすることができました。店舗数も約１００店から１７６店にまで拡大することができました。

こうした目に見える経営成績よりも、私にとって何よりうれしいことがありました。まずは、離職率の大幅な低下。就任当初22%だった離職率は、教育や待遇改善に力を入れ人材の定着を図った効果が大きく出て、２００７年には2%にまで、劇的に下がったのです。

衛生要因である給料や休暇などの待遇改善は当然として、社員教育に力を入れることはとても大切です。**社員たちに自分がその会社で成長している実感を感じてもらえれば、結果的に離職率を大きく下げる**ことができます。離職率が高いと教育投資をしてもすぐ辞めてしまうので、投資ができなくなってしまいます。まさしく鶏と卵の関係で、教育投資をする→定着率が高まる→さらに教育投資ができる、という好循環が回り出しました。

もっとうれしかったことは、社員の満足度が格段に上がったことです。就任直後には、社員満足度調査を行ったコンサルタントから、このような調査を８００社行ってきたがこんなに満足度の低い会社は初めてだ、と言われました。それが1年後、職場満足度、上司満足度、仕事満足度、会社満足度のいずれもが大きく上昇しました。「わずか1年でこんなに満足度が上がった会社を見たのも初めてだ」とも言われました。

社員の満足度については、忘れられない思い出があります。

社長に就任した当初、四国地区の店長さんたちに集まってもらい、社長就任の挨拶として7つのお願いの中身をひとつひとつ説明し、みなさんのために会社を変えていくと約束しました。質疑応答の時間になると、最前列で聞いていたひとりの店長さんが、すっと手を挙げて発言しました。

「イオンフォレストは、今まで変わる、変わると言いながら、何ひとつ変わってこなかった。今度こそ、本当に変わるのでしょうね⁉」

彼女の表情は真剣そのもので、強い怒りが感じられました。

業績が悪かったこともあるでしょう。みんなアニータが大好きでザ・ボディショップに入ってきたのに、イメージしていた会社と違う。創業当時に入った人たちは、昔はよかったと懐かしむだけ。

私は社長になったばかりですから、返事に詰まってしまいました。「がんばって会社を変えていきますから、しっかり見ていてほしい」と言うより他に、ありませんでした。

ほどなくして彼女は結婚し、お子さんができて産休・育休に入りました。
彼女が最前列で発言をしてから2年近く経った頃、同じ街のショッピングセンターに、新しいザ・ボディショップが開店しました。オープンの朝礼のために私が現地に向かうと、そのモールの中で彼女にばったり会いました。わざわざベビーカーを押してオープンを祝いに来てくれたのです。

「お元気ですか？　……イオンフォレストは変わりましたか？」

私が尋ねると、彼女はその場で、声を押し殺して泣き出しました。そして、「はい。変わりました」と言ってくれました。この2年間、会社やお店が変わっていく姿をずっと見ていてくれたのです。
私には、自分がしてきたことは間違っていなかったんだ、という大きな安堵感がありました。業績の回復にともなって、単に給料やボーナスを増やしただけでなく、教育や研修の充実を図りました。マネージャー会議では一流の接客を体験してもらうように、舞浜のディズニーホテルを使うようにしましたし、店内と同時にバックルームもきれいに整備しました。ボランティアなどの社会貢献活動（バリューズ活動）に、就業時間内で月3時間、社員以外にも契約社員や一定基準を満たしたアルバイト全員が参加できるようにしました。老人ホームを訪問してお年寄りにメイクをしたり、ベッドシーツ交換のボランティアをしたり。これをやりたくてみんなザ・ボディショップに入って来ていました。

それは、アニータのミッションに惹かれて集まった社員たちの、誇りを取り戻すためのプロセスだったのです。

社員たちがある程度待遇や報酬面で満たされると、そのあとは、社員たち自身が社会に貢献し自分が成長していることを実感できているかどうかが、とても大切になるのです。

素顔のアニータ・ロディック

私は、ザ・ボディショップからとても多くのことを学ばせていただきました。その中でも大切な思い出として心に刻まれているのは、創業者であるアニータ・ロディックとの出会いでした。

2005年秋、私が社長に就任して半年が経過した頃のこと。アニータは、ザ・ボディショップの日本進出15周年のお祝いと、日本で行われる、家庭内暴力（DV）根絶のためのキャンペーン「ストップ・バイオレンス・イン・ザ・ホーム」のキックオフ・ミーティングに出席するために来日しました。私は彼女と会うのをとても楽しみにしていました。ただ社員から気難しいとか、激情家であるという噂も聞いていました。

彼女と初めて会ったのは、東京・赤坂見附のエクセル東急にある「NINJA AKASAKA」という、ちょっと変わったレストランバーでした。ここは忍者屋敷をモチーフにしていて、忍者に扮した店員がテーブルマジックまで見せてくれる、まるでテーマパークのようなお店です。英語を話せる店員も多いので、外国人の接待向きのお店としてよく知られています。

アニータの第一印象は、一言で言うと無邪気な子供そのものでした。ちょっとしたテーブルマジックを、子供のような表情でのぞきこみ、タネがわからないと言って悔しがる。ちょっと手の中を見せてよ、とわがままを言ってみる。気難しくもなければ、激情家でもない。私より歳上で、世界的な有名人、偉大な経営者なのに、かわいいと思わずにはいられない女性だったのです。

翌日の午前は、イオン本社で、名誉会長、社長と面談するスケジュールが組まれていました。朝、私がホテルに迎えに行くと、彼女は落ち着かない様子でした。

「ねえマツオ、私、ミスター・オカダにどんな話をしたらいいのかしら?」

本当に困った表情で私に聞きます。別に交渉をするわけでも、クレームをつけに行くわけでもなく、ただの表敬訪問なのです。

私は、「リラックスして、15年前の思い出とか、最近感じたこととか、何でも話をしてくれれば大丈夫だよ」と伝えました。

30分ほどの面談後のエレベーターの中で、彼女は、ホッと大きなため息をついて、私にウインクをしてくれました。

彼女はフォーマルな雰囲気がとても苦手だったのです。

大阪名物! 巨大ガニと24アワー・ドラマー

アニータはとにかくチャーミングで、お茶目。

そして「気配りのできる人」でした。

来日中、東京でザ・ボディショップのフランチャイズ店を経営しているオーナーたちとの懇親パーティーが行われました。オーナーたちもみんな彼女の大ファンです。アニータ本人に会えるのを心から楽しみにしていました。

私が驚いたのは、彼女自身がそれをよく理解していたことです。彼女は、各テーブルを回る前に、こっそり私に聞いてきます。

「マツオ、あの人はだれ？　指を差さずに教えて」

「彼は、北海道で4店舗経営していただいている、とても大切なオーナーさんだよ」

「わかった！」

そして、自らそのオーナーさんのテーブルに行って、まるで昔からの友人のように、握手して、写真を撮って、サインをする。スターであり、エンターテイナーなのです。オーナーさんたちにとっては、アニータは神様のような存在。それをわかっているからこそ、彼女は細やかな気配りを欠かしません。

いろいろなミーティングは大阪でも行われることになっていて、私たちは新幹線で向かいました。その頃にはもうすっかり打ち解け、バカみたいな冗談ばかり言い合う仲になっていました。

「アニータ、大阪に行ったら絶対に連れて行きたいところが2か所あるんだ」

「どこ？」

「まずは、５メートルぐらいある、でっかいカニがいるところ。すごいだろう？　あと、24時間ドラムを叩き続けている、有名なドラマーのところだよ」

スケジュールは分刻み、極めてタイトだったのですが、私は運転手さんに無理を言って、移動の途中で道頓堀橋につけてもらいました。

クルマから降りると、私はアニータの手をつかんで、一緒に走って行き「ほら！」と「かに道楽」の踊るカニを見せました。次に手を引っ張って連れて行ったのは「くいだおれ太郎」の人形です。

「どうだ！　これが24アワー・ドラマーだ！」

自慢げな私に向かって、アニータは呆れ、ちょっと怒ってさえいました。

「いったい何なのよ、これは‼」

クルマに戻ったアニータは、

「世界中でいろいろな社長に会ってきたけれど、みんなが私に見せてくるのはビッシリ並んだ数字よ。カニとかドラマーとか、こんなしょうもないものを見せるのは、マツオ、あなただけ！」

そう言いながら、彼女は笑っていました。

そして今度イギリスに来るときには、必ず自分の家に泊まるように誘ってくれました。夫で共同創業者のゴードン・ロディック（ホームレスの社会復帰支援で知られる「ビッグイシュー」の創業者でもある）にも紹介したい、あなたも彼のことを絶対気に入るから、と言ってくれたのです。

私はまだ社長になって間もなく、実績を上げるところまでは行っていなかったのですが、彼女は私をイギリスの本社の取締役会で褒めてくれたそうです。「マツオはとてもよくやっているから、安心してよい」と。

ロンドン・デート

その翌年、2006年の3月に、私はイギリスのザ・ボディショップ本社に赴いて、当時の経営陣に対して日本におけるビジネスプランの説明をすることになりました。アニータはファウンダー（創業者）という立場で経営の第一線から外れていました。

私は事前にアニータにメールを送り、自宅に泊まらせてもらう約束をしました。

本社でのプレゼンテーションを終え、社長をはじめとする幹部からお褒めのコメントをもらいました。ところが、アニータの自宅に移動しようとすると、申し訳ないがキャンセルしたいとの連絡が入ったのです。その代わり明日ロンドンのザ・ボディショップの店舗を案内したい、という申し出がありました。

アニータも忙しいのだから、残念だけど仕方がない。私はその晩、急遽手配したホテルに泊まることになります。

翌日、アニータは約束どおりロンドンの店舗を案内するために、私の前に現れました。アニータは恋人同士がまるでデートでもしているかのように、ニコニコして私を案内してくれました。小さな体をぴったり寄せて、腕を組みながら。

ところが、店舗に入ると彼女は一変します。私のことなんて蚊帳の外。棚に目を配り、商品が汚れていないか、きれいに並んでいるかをチェックし始める。そして店員たちに気づいた点をアドバイスするのです。その姿は、真剣そのものでした。

アニータに対しては、気まぐれ、激情家という評価もあります。私自身はついにそういう彼女を目の当たりにすることはなかったのですが、店舗作りに対する真剣な表情を横で見ていて、確かにここでまじめにやっていないスタッフを見かけたら、即刻「あなたクビ!」と言いかねないと思いました。それだけザ・ボディショップとお店を愛していることを感じました。

でも、お茶目な面も決して消えたわけではありません。

店員たちはみんなアニータのことをよく知っていたのですが、その日最後に訪れた店では、若い店員が、アニータをアニータと認識せずに、店頭で一所懸命接客し始めました。おすすめの商品の特徴を説明し、彼女の手をとってデモまで始めたのです。

接客されているアニータも、周りの店員も笑っているので、本人もおかしいと思い始めたとき、だれかが「彼女は、あのアニータだよ！」と教えてあげました。

本人はびっくり仰天。そこでアニータはすかさず、「ねえ店長、彼女の給料を上げてあげて！　だってほら、こんなに一所懸命やっているじゃない!?」とジョークを飛ばして、みんなを笑わせていました。

その日の夜中、時差ボケで眠れずホテルのお風呂に入っていると、日本から突然電話がかかってきました。「ザ・ボディショップ本社がロレアルに買収されるとフィナンシャル・タイムズが報じている」という一報でした。

じつはその前から、噂はちらほらと聞こえていました。アニータとロンドン散策中に「ロレアルに買収される噂があるけど、本当？」と聞くと、「そんなことはあり得ないよ。ロレアルの会長と食事をしたんだけど、彼はザ・ボディショップをとてもリスペクトしていたよ。もしロレアルに買収されたらされたでいいんじゃない？　だってロレアルも加われはフェアトレードの額が一気に7倍になるから」と彼女は答えました。

それが、現実のものとなったのです。ザ・ボディショップ、そしてアニータにとって、極めて大きな決断です。そうか、だから彼女は私を泊めている場合ではなかったのかと納得しました。

2000年頃ザ・ボディショップも一旦踊り場を迎えました。会社の成長にともなって、品質の統一や、商品の供給が重要な問題となってきます。しかし、彼女はそういうことがどうしても不得手だったのです。株式を上場したことも、半ば後悔しているようでした。

一度経営が傾いたことで、社長の座はアメリカでザ・ボディショップを展開しているフランチャイジーの経営者に譲り、アニータ自身は創業者として一線を退き、ある意味では会社の象徴としての立場にありました。今回の買収は、いよいよその立場も離れる、ということを意味していました。ロレアルがザ・ボディショップのミッションとファイブ・バリューズを尊重することを条件に。

突然の別れ

アニータとの思い出は本当に尽きません。偉大なくせにお茶目。独創的でプロ意識のかたまりなのにチャーミング。戦うアクティビストにしてイタズラ好きの少女。私は彼女が大好きで、次に会えるのが楽しみで仕方がありませんでした。

２００７年の秋も、アニータは来日する予定になっていました。すでにスケジュールも決まり、あとは到着を待つばかり、という段になって、突然、本当に突然、彼女の急逝が告げられます。脳内出血、64歳の生涯でした。私は最初アニータがまた冗談を言ってきたのかと思ったほどでした。

数か月後、イギリスでのお別れ会の案内状が、イオン本社の社長のもとに届けられましたが、日本のザ・ボディショップの責任者であり、アニータとも親しかった私が、日本を代表して参加することになりました。

世界中を旅して古来その土地土地で言い伝えられた伝統的な化粧法を学び、社会問題に目を向け、弱い人を助け、強者に恐れず立ち向かったアニータ。そんな彼女のお葬式らしく、世界中からさまざまな民族衣装をまとった人たちが寺院に集まり、急逝を惜しみ、歌い、踊るセレモニー。にぎやかでエネルギッシュだった彼女を偲ぶのにぴったりでした。

びっくりしたのは、まるで日本のように、提灯行列をすることでした。夜のロンドンの街を、参列者がそれぞれ提灯を持って、楽団や中国のドラゴンが先頭に立ってみんなで一緒に練り歩くのです。

私は日本を代表して葬儀に参列するにあたり、大切なものを託されていました。

それは、ザ・ボディショップの営業責任者から預かった、4メートル四方の大きなキルトでした。各地の店長さんやスタッフたちが、アニータに対する自分の想いを縫い込んだキルトを1枚につなぎ合わせたものです。私はキルトを大切にキャリーバッグに入れて、みんなの想いとともに行進しました。

アニータの家族に確実にキルトを渡したくて、私はイギリス本社の社長に託します。本社の人たちは驚き、感激して、しばらく本社玄関受付の目立つ場所に展示していました。

アニータに魅了された人たちの気持ちは、まさにつながっていたのです。

アニータ100人計画

アニータ・ロディックという情熱のかたまりにすっかり魅了されてしまった私は、あるスローガンを思いつきました。

「アニータ100人計画」

アニータのように、楽しく、情熱を持って、大切な友人のようにお客様と接する。そんな店長さんがたとえば100人いれば、日本のザ・ボディショップは必ず再生できる。

計画の一環として、それまではあまり注力してこなかった**新卒の採用**に本腰を入れました。大々的に募集をかけ、会社説明会を初めて開催して、ザ・ボディショップのミッションや、こちらの望む人材像を説明しながら、じっくり時間をかけて採用を行うのです。就職情報サイトを使うと、1万8000人ものエントリーがありました。その中から選んだ約800人と面接し、30人ほどにまで絞られた最終面接では、私自身も直接選考に加わり、内定者を決めました。

これだけの母数から選ばれたので、極めて優秀な人材を採用することができました。私は、**会社のカルチャーを育んでいくのは新卒の生え抜きの人たち**だと思っています。自分が社長でいる間に結果は出ないかもしれないが、10年後、20年後のザ・ボディショップを引っ張ってくれる人が育ってくれればいい。木を植えるような感覚でいました。しかし、うれしい誤算が起こります。彼女たちは1年目、2年目で早くも頭角を現し、3年目で先輩と肩を並べ、店長を任せられる人さえ出てきたのです。すばらしい急成長ぶりでした。

そのがんばりが、もともといた社員たちも活性化させます。まさに「アニータ100人計画」はうまく機能し始めたのです。新卒で採用された人の多くはアニータに心酔し、またアニータの掲げたミッションをよく理解している人たち。

ミッションのある企業には、お客様だけでなく、よい人材も吸い寄せられる。その結果として、企業のミッションは、みんなのＤＮＡに深く組み込まれていくのです。

ザ・ボディショップの面接でスターバックスへの愛を語り出す学生たち

新卒者の最終面接を行うようになって、私は不思議に思うことがありました。

それは、「学生時代どんなアルバイトをしていましたか？」という質問に対して、「スターバックスで働いていました」とうれしそうに胸を張って返答する学生が、とても多かったことです。

そして、「そこではどんな経験をしましたか？」と質問を続けると、いかにスターバックスがすばらしいか、スターバックスのミッションとは、スターバックスの教育はしっかりしている……と、それこそ延々と話を続けるのです。ザ・ボディショップの最終面接なのに……。

最終面接まで残ったということは、１万８０００人のエントリーの中から選ばれたとても優秀な30人。その中に、スターバックスへの「愛」を熱く語る人が数多くいる。

若い人に、これだけ情熱的に語らせるスターバックスという会社は、いったいどんな教育をしているのか、どんな秘密があるのか。私はとても興味がわき、人事の担当者に、スターバックスの教育システムを調べるよう指示をしました。

スターバックスはブランドを守るために、あまり情報を表に出さない企業です。結局、私がザ・ボディショップにいる間は、情報はあまり得られませんでした。

ただ、スターバックスという会社は社員を惹きつける何かしらの秘密を持っている、という強い印象が残りました。

私がザ・ボディショップを辞めた理由

私が、ほぼ一貫して右肩上がりの成績を収めたザ・ボディショップを辞めた大きな理由は、達成感です。

売り上げの目標を１５０億円に設定しました。就任当初、「日本におけるザ・ボディショップの可能性は、どのくらいあるのか？」という私の最初の質問に対して、経営企画室のスタッフが、世界各国でのザ・ボディショップのシェアや、人口、商圏などからはじき出した出店可能店舗数などを考えると、およそ140億円だと答えたからです。キリをよくするため、そこに「気合いの10億」を上乗せして、3～5年後に150億円を達成すると設定し、ビジネスプランを組んでいったのでした。

2008年度には138億円と、ほぼ当初の目標どおりになりました。リーマン・ショックがなければ達成できていたと思います。私には大きな達成感がありました。

就任当初は険悪だったイギリス本社との関係も大きく改善し、本社の社長からは、

「ザ・ボディショップ・ジャパンの最大のリスクはあなたが辞めることだ」

という言葉までもらいました。

ただ一方で、彼らは「4年で売り上げを倍にできたのだから、もう一度できるだろう。300億円にしてくれないか？」と言い始めたのです。その、数字だけを見ているかのような発想に、私は少し違和感を覚えました。ザ・ボディショップはそんなに売り上げ、売り上げと騒ぐ会社じゃないと感じました。また、私をつなぎ止めるために、本社が直接、ザ・

ボディショップ株のストック・オプションを与える用意がある、とまで打診してきましたが、信義上大きな問題があり、もちろん即座に断りました。

経営者にとって大切なパッションが、達成感に包まれて、薄れていることを自覚しました。新しい道に進む潮どきなのかもしれない。今度は、もう少し規模の大きな企業で、お客様と触れ合う現場のある業態で、そしてより社会的責任の大きい上場企業の経営にチャレンジしてみたい。そんな気持ちを持ち始めていました。

まさか、次のチャレンジがスターバックスになるなんて！

私は、ザ・ボディショップで一緒にがんばってきた仲間たちも、なぜか「スターバックス」であれば、快く送り出してくれる気がしたのです。

MISSION

第3章 スターバックスはコーヒーを売っているのではない

成功を金銭で測ることはできない。
どのように人生の旅をし、
人間としてどれだけ成長したかが問われるのだ。
――ハワード・シュルツ

「スターバックスが社長を探している」

次の挑戦先を模索していた私に、ヘッドハンティング会社はいろいろな魅力ある企業を紹介してくれました。その中のひとつ、スターバックスコーヒージャパンがＣＥＯを探している、という話がありました。

ザ・ボディショップの面接で、放っておけばいつまでも学生たちに愛を語らせ続ける、あのスターバックス。その秘密を探らせてはみたけれど、結局大切なことは何ひとつとしてわからないままでした。

すでに上場していて、当時の売り上げは８００億円台と、イオンフォレストの６倍ほどの規模。もちろん店舗という現場がたくさんある。まさに私が探している条件にぴったりだったのです！

私はヘッドハンターに会った帰り道にスターバックスの創業者のハワード・シュルツの著書『スターバックス成功物語』（日経ＢＰ社）を買って読み始めました。

読み進んでいくうちに、スターバックスが掲げているミッションステートメントに目を奪われました。

人々の心を豊かで活力あるものにするために――
ひとりのお客様、1杯のコーヒー、そしてひとつのコミュニティから

なんてすてきなミッションだろう。

創業者のハワード・シュルツが、人を大切にし、自分の失敗（典型的なのはフラペチーノの導入に反対したこと）を素直に認めていることも書かれており、経営者として強い共感を覚えました。

ぜひスターバックスの仲間に加わりたい。半年ほどかけて日本の創業者、現社長との面接を経て、アジアを統括している香港の責任者との面接をしました。その後アメリカ・シアトルのスターバックス本社で各部門を統括している責任者たち、最終的には、ハワード・シュルツに直接会うことになりました。

あとから聞いた話ですが、当初は20～30人の候補者がいて、香港に渡ったのは私と、外国人の候補者ふたり。シアトルでハワードの最終面接を受けたのは、私だけだったそうです。

つまり、私のシアトル行きは、じつのところは最終面接というよりは最終確認だったわけです。

もちろん当時、そんな事情は知りません。スターバックスの生まれたシアトルは、豊かな緑と海がとても美しい街です。ハワードにいったい何を聞かれるのか想像し、シアトルに向かう間も、ワクワク・ドキドキしていたことを覚えています。

ハワード・シュルツの最終面接

秘書の控えているブースを過ぎてハワードの部屋に入ると、そこはゆったり4人がかけられる応接セットと、やや大きめの執務机、そして扉のすぐ左にキャビネットがあるだけの、シンプルな空間でした。一面がすべて窓で占められていて、眺めこそなかなかよかったのですが、世界的な経営者の部屋でありながら質素でそんなに広くない。そんな印象を持ちました。キャビネットにはいろいろなものが置かれていましたが、当時シアトル・マリナーズのスーパースターだったイチロー選手のグローブが飾ってあるのが印象的でした。ハワードはイチロー選手と仲のよい友人なのです。余談ですが、マリナーズの本拠地T－モバイル・パークのライト側にはスターバックスの特別室があり、試合を観ながらパーティーができるようになっています。

ハワードは立ち上がって私を迎えてくれました。彼は、いつも白いシャツを着ています。それは言わばトレードマークで、下はデニム。シャツをアウトしていて、ラフなスタイルでした。

「やあ、よく来たね！」

握手をした彼はニコニコしていて、とてもフレンドリーに映りました。

ソファをすすめられて、私が自己紹介し、イチロー選手のグローブの話をして、何だかんだと30分ほど話をしたはずなのですが、緊張していたのか、ふたつの質問以外は何も覚えていません。

「あなたは今まで日本のザ・ボディショップで実績を出してきたのに、どうして辞めるんだ？　なぜスターバックスなんだ？」

それに対して私は「ザ・ボディショップでの自分の目標は達成できたので、さらに大きなチャレンジをしたかった」という趣旨の回答をしました。しかし、彼には、もうひとつ腑《ふ》に落ちない様子でした。

「で、あなたは、スターバックスに何をもたらしてくれるんだ？」

「自分には、商売の感覚があると思う。ザ・ボディショップでも売り上げを2倍にしたし、アトラスという企業も再生した。ビジネスのセンスは……」

この「感覚《センス》」という言葉は、びっくりするくらい彼の心に響いたようです。途中で私の言葉を遮り、彼と私との間にあるテーブルに身を乗り出して、指を鳴らすようなかっこうをしながら、こう言ったのです。

「なあマツオ。何かそれ、わかるよ！　それって、商売の〝スメル〟（匂い）のことだろう？」

ああ、私の感覚が通じた！　私はとてもうれしくなりました。

「そうそう！」

「すごくわかるよ！　それ。匂いがわかるんだろ？」

私は、この瞬間に合格を確信しました。強い直感力を持つハワードにとっては、「匂い」こそが、火花の散る瞬間だったのかもしれません。

私の新しいチャレンジは、ここから始まりました。

ブランド復活に向けて

私がスターバックスコーヒージャパンの新しいＣＥＯに就任したときは、業績が厳しくなりつつある状態でした。

毎月、前年同月比１００％をクリアしていた既存店の売上高が、私が社長になる1年ほど前のリーマン・ショックから、恒常的に前年を下回るようになってしまったのです。

とは言え、就任当初の私はまずはじっくり現状を見てみようと思っていました。こんなすばらしいミッションを持った会社を変にいじって台なしにしてはいけないと考えていたのです。

一方で、私自身の中では、取り組むべきことはすでに決まっていました。

スターバックスのミッションを再確認し、原点に立ち戻る。

スターバックスコーヒージャパンはもともとすばらしい会社です。多くのパートナーたちは、ミッション実現のために一所懸命取り組んでいました。

ただ、売り上げの前年同月割れが続いていることで、サポートセンター（東京の本社）には確実に焦りが存在していました。「岩田さんは、今の厳しい現状が何もわかっていない」。そんな声も聞こえてきます。シアトル本社からも売り上げ回復への強いプレッシャーがありました。

スターバックスが特別である理由。スターバックスと「スターバックスのような店」が明確に区別されている理由は、私が最初にハワード・シュルツの著書で知ったミッション教育が、しっかりなされていることです。それは私自身、アルバイトに混じっての座学と店舗研修で実際に感じていました。

まず、私が最初に掲げたのは、「**100年後も光り輝くブランドにする**」というビジョンでした。スターバックスに入社して店舗研修やお店回りをしていて、本当にすばらしい会社だと心から思いました。100年後もきっと輝いている価値あるブランドだし、また次の世代にこのすばらしいブランドを確実に渡す責任があると思いました。ですから目先の売上が厳しいと言っても、値引きやセットメニューのようなブランドを毀損することはしたくないと思っていました。

ハワード・シュルツと並んで今日のスターバックスを築き上げた人物であり、私が心から尊敬するもうひとりのハワード、ハワード・ビーハーには、『スターバックスを世界一にするために守り続けてきた大切な原則』（日本経済新聞出版社）という著書があります（この邦題は私の好みではないのですが）。

原題はこうです。

『IT'S NOT ABOUT THE COFFEE.』

この本はコーヒーの話じゃない。

この本は、スターバックスに興味がある方ならぜひ一読されることをおすすめします。スターバックスはたまたまコーヒーを扱っているだけであって、目指しているのはコーヒー・ビジネスではなく、「**ピープル・ビジネス**」なのだということです。お金儲けのためだけにコーヒーを売っているのと、人々の心を豊かにするために、コーヒーを売っているのとでは、似ているようでまったく違います。

だからこそ、おいしいコーヒーの作り方と合わせてスターバックスの存在理由つまりミッション教育を徹底的に行うことを大切にしてきたのです。

Just Say Yes!

スターバックスのブランドコンセプトは、「**サードプレイス**」です。

サードプレイス、第三の場所。ハワード・シュルツは、

「自宅と職場の間にあり、公共性と個人性を併せ持つ環境。他のだれかとつながり、自分自身を再発見する場」

と定義し、スターバックスでは、それを支えている要素は3つあるとしています。

1　コーヒーのおいしさ
2　快適な店舗環境
3　パートナーたちのすてきな笑顔

これらのそれぞれで一流を目指すことが大切だ、というのです。

とてもシンプルでわかりやすいのですが、私自身は、スターバックスとライバルとの最大の差別化要因は、3番目の「パートナーたちのすてきな笑顔」だと思っています。

おいしいコーヒーは、高級なコーヒー豆を買って来て、高価な機械で手順を間違えなければ、だれでも作れるものです。

また、スターバックスの店舗デザインは1店舗1店舗工夫されていて確かに評価が高いのですが、お金をかけて有名デザイナーを雇って、イタリアから家具を取り寄せてしまえば、ある意味簡単にスターバックス以上の環境を作れてしまう。

しかし、一朝一夕に真似できないのが、パートナーたちの笑顔に象徴される、あの心のこもった接客なのです。

スターバックスには、サービスに関するマニュアルがありません。代わりに、「Just Say Yes!」という原則があります。

これを、ハワード・ビーハーは、「**道徳、法律、倫理に反しない限り、お客様が喜んでくださることは、何でもして差し上げる**」と解説しています。第1章で、さまざまな「スターバックスの奇跡」を見ていただきましたが、そのすべては、「Just Say Yes!」の大原則に則っていることを思い出してほしいのです。ハワード・ビーハーは著書にこう書いています。

「イエスが一番強力な言葉だ。イエスは自由と感動だ。イエスは許しだ。自分と他人に夢見るチャンスを与えることだ。イエスと言えば心が豊かになる」

ほとんどがアルバイトでもお客様を感動させられる理由

スターバックスにはいわゆるサービスマニュアルはありません。もちろんコーヒーの淹れ方や店舗運営などには、外資系らしく詳細なオペレーションマニュアルがあります。

ただし、ミッションとオペレーションの基本を徹底的に教育したあとは、権限委譲（エンパワメント）をして、できるだけ自主性と創造性を発揮してもらうこと。そして周りはよければ褒め、悪ければ指導するフィードバックをし、できるだけ質問によって相手に気づかせるようにします。これを地道に繰り返しています。これこそが、スターバックスの教育の核心なのです。

スターバックスが、新しく入ったパートナーにどのくらい教育を行うか、ご存じでしょうか？

答えは、80時間。

一般的な企業のアルバイトの場合、せいぜい数時間だと思います。まさに桁が違うのです。今後定着してくれるかどうかもわからないアルバイトの教育に80時間もかけるのは、ちょっと信じられない。そんな感想を聞いたこともあります。

しかし、80時間もかけるからこそ、スターバックスのミッションが理解でき、自分の頭で考えたよいサービスが提供できて、それが働くことのかけがえのない充実感につながり、スターバックスを大好きになって定着してくれる。会社も、パートナーたちが定着してくれるからこそ、さらに丁寧な教育や研修ができるようになる。そうしてさらに成長したパートナーたちの姿を店頭で見て、スターバックスの価値観を共有してくれそうな人が、自分もパートナーになりたいと思って、よい人材が集まる。

これがスターバックスの好循環なのです。

研修では、コーヒーの淹れ方や基本的な接客はもちろん、ミッションについてもかなりの時間をかけて話し合われます。それも、「何々をやりなさい」ではなく、「なぜそれをやるのかを考えなさい」というスタンスを貫きます。

その成果は、マニュアルにない異常発生時こそ発揮され、パートナーたちは自分の頭で考え、ミッションに従った行動をします。ここが他社との一番の違いです。

スターバックスに立ち寄り、いつものおいしいコーヒーを飲んで、ちょっとゆっくりしたり、友人や同僚とのおしゃべりを楽しんだりして店をあとにする。99%のお客様にとって、スターバックスでの時間は、たいがいそんな流れになるはずです。

ところが時々、お店では異常事態が起こります。つまずいて転び、コーヒーをひっくり返してしまった、気づいたら財布を持ってくるのを忘れていた、店の前で交通事故が起きた……。

そんなとき、スターバックスのミッション、パートナー自身の能力、さらにそれを支える権限と雰囲気があれば、絶対に他の店では真似できない、お客様の感動を呼ぶ対応ができるのです。

そして、その光景は異常事態の当事者になったお客様だけでなく、その場に居合わせた多くの人の心に刻まれていきます。

スターバックス・エクスペリエンス

ただコーヒーが飲みたい、あるいはちょっと椅子に座って落ち着きたい、というニーズは、スターバックスが日本にやって来るよりもずっと前から、いわゆる喫茶店ですでに満たされてきました。

1996年にスターバックスは初めて銀座に出店しました。一般的な評価として、日本で初めてエスプレッソをベースとしたコーヒーや、いわゆる「シアトルスタイル」を普及させた、などと言われています。

それは事実なのですが、私は表面的な評価であると感じます。本質はそこではない。

噂を聞きつけて初めてスターバックスにやって来たお客様は、それまで日本ではめったに味わうことができなかった深煎りのコーヒーに満足したかもしれない。しかし、2回、3回と通ううちに、コーヒーの味だけではなく、接客や全体のおしゃれな雰囲気、スターバックスを包んでいる空気に価値を感じるようになってきます。そこにパートナーが、笑顔で声をかけてくれたり、コーヒーをこぼしてしまったときに嫌な顔ひとつせず対応して、新しいコーヒーを運んで来てくれたりといった経験をすると、いよいよその人はファンになり、他のコーヒーショップではなくて、スターバックスに行くことそのものが価値になってくるのです。

これこそが、**スターバックス・エクスペリエンス**。スターバックスでしか味わえない経験なのです。

ドリップコーヒーのショートサイズは、今350円。しかし、お客様が350円出して買い求めているものは、スターバックス・エクスペリエンスなのです。お客様にとって、スターバックスはライフスタイルの一部になっています。そしてこれまでご紹介したようなさまざまな都市伝説をわがことのように誇りに思い、スターバックスのロゴマークが入ったカップやタンブラー、バッグを持っていることそのものに、自分らしさを投影してくださっているのです。もうスターバックスファミリーあるいはパートナーと同じ感覚を持っているのです。

パートナーのみなさんがミッションを愚直に追求しているから、それがお客様に伝わり、ブランドになっているのです。つまりミッションとブランドが合致しているのです。

ＴＶＣＭや広告宣伝を大量に投入しても本当の意味でのブランドは構築できません。またギリギリまで経費を切り詰めて10円安い飲食物を提供しても、ブランドとは思ってもらえません。

アメリカのスターバックスにも、一度大きなピンチがありました

実質的な創業者のハワード・シュルツは２０００年に一度ＣＥＯを退き、名目上は会長になりました。これは事実上のリタイアに近いもので、経営は後進に託していたのです。

ところが、新経営陣がウォールストリートからの圧力により無理な拡大戦略を行い、後のリーマン・ショックにつながる世界的な経済危機が重なって、業績は大きく悪化してしまいました。

新しい経営陣が株価を上げるため、無理な店舗拡大をしたり、コストカットのため自動化を図ったりした結果、コーヒーの味が落ちた、サービスが悪くなったと叩かれるように

なったのです。新聞に「スターバックスはもう終わった」などと書かれてしまいました。スターバックスブランドは急激に逆回転を始めます。かつては決して安くないお金を払ってでもスターバックスのカフェラテを飲むことがスタイルだったのに、「この不景気の時代に合わない飲み物」という見方すらされるようになってしまう。そこにマクドナルドやダンキンドーナツといった低価格店が攻勢をかけ始め、業績は急降下してしまいます。

つまり、スターバックス・エクスペリエンスのないスターバックスに対するお客様の評価は、じつはただ高いだけで魅力のないコーヒーだったのです。

結果として、そして拡大路線の揺り戻しとして、大規模なリストラを余儀なくされます。店舗閉鎖、首切り。人を大切にすると公言していたスターバックスが、もっともしてはいけないことに手をつけてしまったのです。そこでハワードは２００８年初頭にＣＥＯに復帰し、立て直しに奮闘することになります。結果見事に再生を果たします。

「こんにちは」がマニュアル化するとき

明確なミッションのあるスターバックスでさえ、目先の業績に目が行ってしまうと、本来のミッションを忘れ、普通のコーヒーショップになってブランドが陳腐化してしまう。私がスターバックスコーヒージャパンを託されたのは、まさにそんな時期でした。確かにリーマン・ショック後、特にビジネス街での落ち込みが大きかった。

いいミッションを持っていて、ブランドを構築し、やがて成功を収める。しかしそれだけでは、持続することはできない。

これは本当に難しい話です。

私が社長に就任して店舗を回り始めると、あることに気づきました。

スターバックスのパートナーは、来店されたお客様に、「こんにちは」と声をかけます。スターバックスだけでなく、ディズニーをはじめ他の多くの業種で「いらっしゃいませ」ではなく「こんにちは」とお迎えしている小売店舗が増えてきました。

日本上陸当時、外食産業チェーンにおいて「こんにちは」と接客されるのはとても新鮮だったでしょう。「いらっしゃいませ」はお客様と店員の関係ですが、「こんにちは」は親しい友人や仲間に言う感じを与えます。お店に来てくれて本当にうれしい、という気持ちも感じます。

ところが、お店回りをしていると、中にはお客様のほうを見ないで、ただ「こんにちわぁ」

とぼんやり発声しているだけのパートナーもいることに気づきました。

そこで私は、本当に「こんにちは」と言うだけでいいのかどうかを、あえて問題提起しました。

当初はお客様を心からお迎えするための「こんにちは」だったのに、長年続けていると、いつの間にかお客様が来店したら何の感情もなく反射的に「こんにちは」と言うだけの状況に陥っていないか心配しました。大切なのは言葉そのものより気持ちなのです。

機械に「イラッシャイマセ」と言われても何も感動しないのと同じで、気持ちのまったくこもっていない「こんにちは」に、温かみを感じたりしてくださるお客様はいません。

私たちは、なぜ「こんにちは」と言うのかを振り返り、そして「こんにちは」が知らず知らずのうちに心のこもっていない形だけになってしまったのではないかと反省するべきだと考えました。

スターバックスの接客の基本的な考え方に、「**接する**」「**発見する**」「**対応する**」というシンプリーサービスという教えがあります。相手を瞬時にしっかり観察して、状況にふさわしいお迎えをすることが大切です。

だから、毎回「こんにちは」である必要もない。

「おはようございます」でも「こんばんは」でも、「外は寒いですか？」でもいい。

よくお店に来てくださるお客様ならもう少し踏み込んで、「今日はお見えになるのがちょっと早いですね」でも、「いつものカフェラテじゃないのですね」でも、「すてきなネクタイですね」でもいい。

そのほうが、断然スターバックスらしいのです。

社員の自発性を引き出すためにリーダーがやるべきこと

世の中の企業の多くには、ミッションや経営理念、フィロソフィーなどが存在します。本当にゼロから立ち上げた。それまでの常識をぶち壊し、再構築してきた。だれも手をつけていなかったフロンティアを切り拓いた。新しい発想を武器にライバルに打ち勝ってきた。きっとそれぞれの創業者には、その数だけ熱いストーリーがあり、企業活動を通じて心の底から大切にしたい何かがあるはずです。

ミッションとは本来、それをぎゅっと凝縮し、明文化したもののはずです。

しかし、会社が順調に拡大していくと、どうしてもミッションの存在が薄れがちになってしまいます。なぜなら、あとから入った人はすでに安定飛行に入った企業に入社したのであり、伝聞でしか、熱い創業の時代を感じられないからです。

こうして、創業者の思い、つまりミッション（存在理由）が薄れていき、何か問題が起きたときに立ち戻る原点がなくなり、どうすべきかを考える力も失われていきます。

「○○をしてください」という指示に対して、指示された人は○○をしようと思うだけで、それを達成すれば、あとは何もしません。強く指示すればするほど、より完璧な○○には近づきますが、決してプラスアルファを求めようとはしなくなる。なぜなら、指示されていないからです。

これでは、お客様の期待を超えることはできない。

もうひとつの重要な問題は、なぜ○○をしなければいけないのかを、一切考えなくなることです。機械的に指示されたことをこなすだけの対応になってしまうのです。

お客様に「こんにちは」と声かけするように指示されれば、見事にそこら中で「自動こんにちはマシン」が勢ぞろいしてしまうのです。

本当に大切なのは、「なぜそうするのか？」を、しっかり理解してもらうこと。あるいは、常に自問自答することです。

人材教育の場において、私はその点を徹底するようお願いしました。おいしいコーヒーを淹れることも、接客の仕方を学ぶことも大切だ。でももっと大切なのは、なぜそうするのかだ。なぜ「こんにちは」なのか？　なぜスターバックスはサードプレイスであろうとするのか？　なぜスターバックスはおいしいコーヒーを提供しているのか？　なぜ？　なぜ？……。

こうした思考を繰り返せば繰り返すほど、パートナーたちはどんどん応用が利くようになっていきます。

私たちの存在理由。なぜ私はここにいるのか！

その、一見単純なミッションでも、自分の中で考えて体現できれば、コーヒーをこぼしてあたふたしている人を見ても、交通事故を起こして憔悴している人を見ても、必ずその人の心に活力を与える行動を起こせる。

ミッションは、自分の中で咀嚼《そしゃく》して、初めて自分のものになります。本社や本部、リーダーは、自ら考えるスタッフを育て、彼らが現場で判断したことを全力でサポートしなければならないのです。

しかし、日本の外食産業の多くは、相変わらず「自動こんにちはマシン」を大量にそろえているだけです。想定された質問には答えられても、マニュアルにないこと、プログラミングされていないことには一切対応できず、オドオドして責任を回避しようとするだけ。「それは社内規定でできません！」「マニュアルにありません！」と答えてしまう。お客様にとって社内規定など関係ないのです。お客様がボタンを押さないと、水すら運ばないレストランがたくさんあります。

いくらマニュアルにたくさんのケースを書き込んでも、想定外のことが起こるのが現実です。ならば、根本となるミッションの教育をしっかりしておく。それさえしていれば、その場その場で判断して対応することができるのです。

おいしいコーヒーはマシンで作れても、ミッションから生み出される感動は、決して機械からつくり出されているわけではないのです。

「ブリングマイカップ」がつけた火花とは

CEOに就任してからの私は、できるだけお店を回るようにしました。スターバックスを元気にするには、まずは火花が散っているお店を見る必要があります。さまざまな経営判断に当たっては、最前線のカウンターで何が起きているのか、パートナーたちがどうしているのかをきちんと知ったうえで決定したかったのです。

店舗回りをしているとお店のパートナーたちからいろいろなことを教えてもらえます。たとえば、スターバックスは、「ブリングマイカップ」というキャンペーンを行っています。お客様が所有するタンブラーを持ち込むと、環境への配慮にご協力いただいたお礼として、20円を割り引くのです。

あるとき、環境月間のキャンペーンを展開するに当たって、3週間ほど、タンブラーを持ち込むと50円引きにすることにしました。

私がたまたま出張していた北海道でお店回りをしていると、複数の店舗でパートナーたちが、いろいろな話をしてくれました。

「岩田さん、ブリングマイカップって、とってもいいですよ。お客様との会話のきっかけになっています！」

スターバックスで売っているタンブラーは、台紙を入れ替えることでオリジナルのデザインに変更することもできます。50円割引のキャンペーンの効果でタンブラーを使い始めるお客様が増え、中には個性豊かなデザインに変えてみた方も少なくない。タンブラーをお持ちいただいたときに、スターバックスの環境への取り組みやキャンペーンについてご説明する。お客様とのつながりが今までより多く持てるとお店では大好評でした。

お客様は楽しめて、コーヒーが安く飲める。パートナーとの会話も弾んで、ますますスターバックスに行くのが楽しくなる。

「岩田さん、このキャンペーンをぜひ続けてください」

ひとつのお店だけの意見なら、特にアクションはしなかったと思います。しかし、訪問したどのお店のパートナーにも同じことを言われました。

私は北海道から販売促進責任者に電話して「このキャンペーンを1か月延長してください」とお願いをしました。

これにはあちこちから反発がありました。「3000万円余分に費用がかかる」「告知はすぐにはできない」などできない理由を散々言われました。

私はこんなにお店のパートナーたちが喜んでくれているのだから、それだけの理由で十分じゃないかと、一歩も引き下がりませんでした。お店のパートナーたちのことを第一に考えるべきだと思ったのです。

このことが次の大成功をもたらした要因だと私は今でも思っています。

「妥協の産物」で火花が散った!?

その後、「ワンモアコーヒー」というキャンペーンを行いました。

スターバックスのファンの方であればご存じだと思いますが、ドリップコーヒーをオーダーされたお客様に、同日内であれば、全国どこの店舗でも2杯目のドリップコーヒーを100円で「おかわり」していただけるというものです。

これがリーマン・ショック後低迷していた売り上げがV字回復する転機のひとつとなりました。

じつはこのサービスは、それまでも同じ店舗内であれば可能だったのですが、あまり熱心にアピールしていたわけではありませんでした。何と言っても社長の私も知らなかったのですから。

外食産業では、既存のお客様をつなぎとめたり新しいお客様を呼び込んだりするために、無料のクーポン券や割引チケットをよく配ります。ではスターバックスも同じようにすればいいかというと、話はそう簡単ではありません。

スターバックスはブランドです。価格を下げたり、クーポンを配ったりすることでブランドを毀損するおそれがあります。そういった対応は、お客様を裏切ることになるからです。ザ・ボディショップの「7つのお願い」にもあったとおり、ブランドは「お約束」。中でも価格はその重要な位置を占めます。安易に値段を変更することはお客様との約束を破ることになります。

しかし、とにかくスターバックスを復活させるために、何らかの手は打たなければならない。特にシアトル本社からは早く結果を出すよう厳しいプレッシャーがありました。アメリカのスターバックスは業績回復のためにクーポンを配り始め、ディスカウント攻勢を行っていました。

日本でも、特にリーマン・ショック以降、ビジネス街にある都心の店舗の売り上げが大きく減少していました。都内の外資系企業の多い地区では、会社自体がそっくり撤退してしまうところもあり、特にドリップコーヒーの売り上げの減少が顕著でした。

でも私は、どうしてもアメリカのようなディスカウントのやり方を受け入れることができなかった。ブランドを傷つけたくなかったからです。

一方で、スターバックスでは、ドリップコーヒーのおいしさを保つために1時間ごとに古いコーヒーを捨てて淹れ直しています。ですから、その大半は時間が来たら廃棄されているのが現状でした。それは必要なコストです。

それならばと、当日なら全国どこのお店でも2杯目を100円で飲める「**ワンモアコーヒー**」のキャンペーンを導入しました。

当初私はディスカウントに見えないように、すてきなデザインのチケットを作りたいと考えたのですが、即効性を優先して、ドリップコーヒーを買ったお客様に手渡す「レシート」に、ワンモアコーヒーの詳しい内容とコーヒーのイラストを印字し、2杯目を買う際にはそれを提示してもらうことにしました。

私は、正直なところレシートではちょっと味気ない、安っぽいじゃないかと感じていました。

ところが、お店のパートナーたちは与えられた環境の中で、またすばらしい接客をしてくれたのです。

キャンペーン開始後、報告を受け、お店での対応に驚きました。

詳しく聞いてみると、ワンモアコーヒーを申し出るお客様は、さまざまな店舗が発行したレシートを持ち込んで来ます。すると、パートナーたちは、そのレシートを発行した店舗名と、発行時刻に注目し始めました。

中には遠くからいらっしゃったお客様がいる。時間をあけて午前と午後に同じお店を再び訪れてくださったお客様がいる。それが格好の会話のヒントになるというのです。

朝、仙台の店舗で1杯目のドリップコーヒーを飲んだお客様が、夕方、東京都内のスターバックスでレシートを見せてワンモアコーヒーを注文している。このお客様は、朝イチで仙台の自宅を出発して、地元のスターバックスで目覚ましのコーヒーを飲み、都内でひと仕事終え、今ようやく落ち着いた気分でワンモアコーヒーのことを思い出してくださったのかもしれない……そんな具合に、どんどん想像が広がっていきます。

そこでパートナーは、お客様の様子を見ながら、「仙台からいらっしゃったんですか?」とか、「ご出張ですか? お疲れ様です」「新幹線は混んでいましたか?」「これからお帰りですか?」など、ちょっとした一言をかけるヒントにしてくれていたのです。

同じ店舗を再度訪れた場合でも、朝早い時刻のレシートを持ったお客様が夕方もう一度ご来店されたことが、レシートからはっきりわかります。すると「こんにちは」ではなく、「お疲れ様でした。お帰りなさい」と声をかけている。

ピラピラの感熱紙のレシートから、かけがえのないスターバックス・エクスペリエンスが生み出されている！　スターバックスのお店のパートナーは本当にすばらしいと思いました。

見映えのよさを考えて、別にチケットを作ろうとした私。しかし、ミッションが染み込んでいるパートナーたちは、レシートに当たり前のように印字される店舗名と発行時刻を見逃さず、私もまったく想像しなかったやり方で、感動体験を生み出してくれたのです。

日本のスターバックスがアメリカを超えたと感じた瞬間

私個人のスターバックス・エクスペリエンスも、少し述べてみます。

社長としてお店回りを大切にしていただけでなく、私自身の一番の楽しみでもありました。どのお店に行ってもパートナーのみなさんはとても喜んで温かく迎えてくれるのです。

第1章で、ホテルのエレベーター運行における気づかいや、老舗旅館のつかず離れず、空気のような対応をしてくれる仲居さんの話を述べました。私はそういう細かなサービスについて高い感度を持っているほうだと自分で思っています。

その私が、心を奪われるできごとがありました。

あるお休みの日、まったくのプライベートで映画を見に行ったときに、スターバックスのコーヒーが飲みたくなり、銀座のお店に行きました。CEOとしてのオフィシャルな店舗回りではなく、あくまでひとりのお客として。もちろんこちらから名乗ったりはしません。

何げなくお店に入り、一般のお客様に混じってオーダーしました。レジを担当していた女性のパートナーは私に気がつかないようで、いたって普通に接客してくれました。

ところが、でき上がったコーヒーをカウンターで手渡してくれた少し年配の女性のパートナーは、私に商品を渡してくれる際にさりげなく、こう言ったのでした。

「今日は、お休みですか？」

笑顔で。そして私にしか聞こえないくらいの大きさで。彼女は、目の前の客がスターバックスのＣＥＯだと気づいている。ひとりだからきっとプライベートなのだろう。「岩田さん、お疲れ様です‼」と言って、せっかくのプライベートの時間を侵すわけにはいかない。でも、気づいた以上ひと声かけないわけにもいかない。あなたのことはしっかり認識していますが、でも邪魔はしませんよ……そんな、ギリギリのバランス感覚を凝縮した結果生まれたのが、「今日は、お休みですか？」という一言だったと思うのです。

私は一瞬どう対応したらよいかわからず、ひと呼吸置いて、

「はい、そうなんです。ありがとう」

それだけ言って、そっとカウンターを離れました。あとで考えれば考えるほど、心のこもった、でも押しつけがましくない、１２０点の対応でした。

ベテランのパートナーが持ちうる、絶妙の距離感。これは、決して簡単に真似することのできない、極めて高度な対応でした。映画の内容はすっかり忘れてしまいましたが、そのパートナーの細やかな気づかいに今でも感心します。高級ホテルや旅館でしか味わえないような、最高のおもてなしのできるスターバックスのお店のパートナーたちを誇りに思

いました。

きっと、ブリングマイカップのお客様も、仙台から出張して来たビジネスマンも、仕事を終えてゆっくりと自分の時間を取り戻そうとしている顔なじみのお客様も、同じ気持ちだと思います。

第五次産業としてのスターバックス

スターバックスは小売業ですから、産業分類で言えば第三次産業になります。第一次産業は農林水産業。第二次産業は製造業。

しかし私はスターバックスは単にコーヒーを売っている第三次産業ではなく、さらに高次な感動の経験を売っているのではないかと思うようになりました。

近年は、IT産業を第四次産業と呼びます。感動経験を売っているスターバックスは、その上の第五次産業なのではないかと考えていました。ディズニーランドやリッツ・カールトン、あるいは誕生日を祝ってくれて、お客様の自転車のパンクまで直してしまう九州の美容院BAGZY《バクジー》。

彼らはテーマパークやホテルステイ、ヘアカットやパーマを売っているのではありません。感動経験を売っているのです。だからこそ、他のテーマパークやホテル、美容院とは一線を画していて、同業にライバルは見当たりません。

そしてスターバックスのライバル、あるいは同業は、決してタリーズコーヒーでもドトールコーヒーでもなく、ましてやマクドナルドでもない。ディズニーランドやリッツ・カールトンが同業ライバルなのではないかと思います。

お客様が本当に求めているものは、コーヒーではない。テーマパークでも、ラグジュアリー感あふれるホテルでもない。

感動経験なのです。

ものではなく経験なので、決して値段を割り引いてもらうことに価値を見いださない。いいものに対しては、然るべき対価を気持ちよく払うことを厭わないし、そもそも他に代わるものがないので、価格そのものが気にならなくなる。

私は、これこそが第五次産業の姿だと思います。

それを支えているのは、言うまでもなくミッションです。

スターバックスも、ザ・ボディショップも、ディズニーも、リッツ・カールトンもミッションを持っていますが、ではお客様はどうかというと、よほど研究熱心なお客様を除いて、各企業のミッションが何かなんて、おそらくは知らないでしょう。しかし、お客様の多くはスターバックスを、ディズニーを、そしてリッツ・カールトンを別格のものとして認識している。

その理由は、すばらしいミッションが存在し、従業員ひとりひとりがそれを理解して、自分で考え、実行することのできる環境が醸し出す空気だと思うのです。そう、ミッションが染み出した空気なのです。

本当にすばらしいブランドの企業はミッションを無理に宣伝する必要はありません。経験を購入した結果としてお客様がミッションを感じているのです。

なぜなら、ミッションが浸透しているところは、空気感が明らかに違う。ミッションこそが、そのブランドを形作っているのです。

次の章では、この点を深く掘り下げてみたいと思います。

MISSION

第4章
僕たちは
何のために働くのか

世に生を得るは事を成すにあり。

——坂本龍馬

「日産自動車の経営理念って何ですか？」

私が、初めてミッションを意識したのは、日産自動車に入社して数年経った頃です。

ふと、「日産自動車の経営理念って、何なのか？」と疑問を持ちました。

ドラッカーなどの経営書には経営理念の大切さが書いてあるのに、日産では聞いたことがないと気がついたのだと思います。特に新人研修で教えられた記憶もないし、理念手帳が配られたわけでもない。そこで先輩、課長、部長などに、聞いて回りました。しかし、だれからも明確な答えは得られません。

日産は何のために自動車を作っているのだろう？

その後数年して外部のコンサルタントを使って経営理念が書かれたカードが説明もなく配布されたことを覚えています。なぜ今経営理念なのか、経営者はどういう意図を持っていたのかなどの説明もなく、小難しい漢字の並んだカードでした。まったく説明や話合いなども行われず、ただ紙切れを配られただけでした。今、その内容を思い出すことがどうしてもできません。

その後日産自動車は、メイン工場と言われた座間工場の閉鎖発表を皮切りに、バブル崩壊以後長い低迷時代に突入していくことになります。思えば、私が勤め始めたのは、日産自動車が輝いていた最後の時期だったのです。日本車の輸出は絶好調。1ドルがまだ二百数十円だった時代です。たびたび貿易摩擦問題が起こり、そのたびに輸出の自主規制や、生産現場の海外移転が行われてきました。当時の海外移転とは、現在のようにコスト高、円高に音を上げて出ていくのではなく、日本車が勝ちすぎてしまっていることへの対処として、工場を欧米に作り、できるだけ現地で部品を調達し、現地の人々を雇用して利益を還元することで、政府間レベル、国民感情レベルでの批判をかわすためでした。

しかし、日産自動車は伝統的に労働組合の力が強大で、対立は深まるばかり。組合は公然と経営問題に口を出し、理不尽な要求を会社にぶつけていました。当時の時代の要請だったイギリスへの進出にも正式に反対し、嫌がらせをしていました。一方で労働組合の幹部は銀座で豪遊したり、ヨットを乗り回したりしていました。まさしく「権力は腐敗」していました。

1985年、プラザ合意（先進5か国による為替市場へのドル安協調介入）を経て、円高が急速に進みました。わずか1年足らずで1ドルは160円ほどになってしまい、北米への輸出に頼っていた日産はたちまちピンチに陥ります。

そんな中でも私は心から日産を愛していました。

戦後初めて日産が赤字になり、会社が危機を迎える中で、座して死を待つわけにはいかない。本社だけでなく、工場や研究所を巻き込んだ若手社員の社内改革組織を自発的に作りました。名づけて「脱兎倶楽部」。脱兎とは、かつての日産を代表するブランド「ダットサン」（2012年に復活が宣言された）からとったものです。

私たちには「日産をよくしよう」という、極めて単純明快なミッションがありました。愛社精神に燃えていて、たとえこの身はどうなろうと、会社によくなってほしいという思いでした。

役員と直接話してみよう。

銀座のショールームをショーアップするためには？

魅力あるクルマを作るには？

結果的にこの活動は頓挫してしまいました。当時の私たちには会社を動かす力はありませんでした。その後日産の復活には、フランス・ルノーとの提携と、カルロス・ゴーンCEOの登場を待たねばならなくなります。しかしその前に、私を含めて、一緒に日産をよくしようとがんばっていた仲間の多くが、会社を去りました。

自然派のアニータがあえて人工物を使う理由

私が、初めてミッションこそがブランドを形作っていると感じることができたのは、アニータ・ロディックという存在を通してのことでした。

ザ・ボディショップは、自然派化粧品として有名です。しかし、中には人工的に合成された成分をあえて使っている商品もあります。

たとえば、ザ・ボディショップの人気商品であるホワイトムスクは、人工的に合成された香料を使っています。

ムスクとは本来はジャコウジカのオスの腹部にある香嚢《こうのう》と呼ばれる器官から得られる成分を乾燥させたものです。かつては化粧品、あるいは漢方薬として珍重され、大量のジャコウジカを殺して採集していたのです。

動物実験を許さない。女性の美のために動物の尊い命を奪うことは許さない。それはアニータとザ・ボディショップの明確なミッションであり価値観（Values）なのです。

私がザ・ボディショップの社長を務めているときに、天の啓示のように「企業は、世の中をよくするためにある」という言葉が降りてきたのは、こうしたアニータの明確なミッションと価値観を学ばせてもらったからだと思います。

ミッションの4つの大切さ

私がもし新しく会社の社長になったら、まず確認するのは、その会社のミッションです。そのうえでスタッフのみなさんと経営理念、ミッション、ビジョン、バリュー、今後の戦略などについて話し合うのですが、そもそもミッションとは何か。最初にしっかりしておかないといけないのが、言葉の定義です。

まず狭い意味でのミッションとは、企業の使命や存在意義、何を達成したいかを意味するものです。最近は「パーパス」という言葉も使われていますが、基本的に同じ意味だと考えて問題ないと思います。

ビジョン（Vision）とは、目指すべき方向性、将来あるべき姿のこと。もともと「Vision」とは「見る」という語源から来ているので、どうなりたいかイメージできる姿のことです。

バリュー（行動指針）とは、企業の価値観、すなわちミッションやビジョンを、どうやって、何を大切にしながら達成していくのかという行動の判断基準を意味します。

そして経営理念とは、一般的にはミッション、ビジョン、バリューを統合した概念です。

ただし、本書で私がミッションと言う場合は、ほぼ経営理念と同じ意味で使っています。広い意味でのミッション＝経営理念だと考えていただいて差し支えありません。

ここまで、スターバックスとザ・ボディショップという、非常にミッションが明確で徹底されていて、かつそれがブランドとなっているふたつの企業の事例を見てきました。

ミッションの大切さは、主に次の4つに集約することができます。

1　社会は常に変化しており、「想定外」の連続。すべてのケースを事前に想定してマニュアルを作成することは到底不可能。「想定外」のときには、原理原則であるミッションに従って判断できる。

2　企業や組織に集まる人は、それぞれ違った価値観を持っている。そのため、みんなを同じ方向に向かわせるには、目印となる明確なゴール・北極星が必要になる。

3　ミッションを高く掲げることによって、それに共鳴する人たちが集まってくる。もちろん理念教育、ミッション教育は必要だが、あまりに価値観の違った人が入ってくるとお互いに不幸。

4 ミッションとは、通常とても崇高なもの。それを目指していると、自分たちの仕事の意義を感じ、社員のモラルが高くなり、結果的に離職率が下がる。

以上を再確認したうえで、もう一度スターバックスのBHAG《ビーハグ》を確認してみます。

「人々の心に活力と栄養を与えるブランドとして世界でもっとも知られ、尊敬される企業になること」

同じく、ミッションステートメントも改めて見てみます。

人々の心を豊かで活力あるものにするために——
ひとりのお客様、1杯のコーヒー、そしてひとつのコミュニティからこのミッションがパートナーひとりひとりにしっかり浸透しているから、感動のストーリーが日々作られ、素晴らしいブランドになっているのです。

ブランドとミッションは表裏の関係

ミッションに裏打ちされたブランドを愛するお客様は、ただ商品やサービスにお金を払っているわけではなく、感動経験やストーリーの価値にお金を払っています。だから値下げ競争に巻き込まれることはありません。しかし、しっかりとした価格政策を保っていかなければ、ブランドに共鳴してくれていたお客様や従業員から裏切り行為として嫌われてしまうことがあります。しっかりとしたブランドを構築していくためには、値段が安ければいいというものではありません。私がスターバックスでディスカウントに抵抗した原因は、じつはここにあります。

ブランドは、お約束。

ですからお客様の期待を裏切ってはいけません。じつは私自身の苦い経験があるのです。

ザ・ボディショップの再建が順調に進んでいたときの話です。

私が社長に就任しておよそ半年後から売り上げは順調に伸び始め、32か月連続で予算をクリアしていました。ところが33か月目にして、雲行きが怪しくなってきたのです。

私の中には、ちょっとした恐怖感がありました。何しろ3年近く続いてきた記録が途絶えようとしているのです。一度予算が未達になると、たがが外れて、ずるずるといってしまうのではないか。

無理にでも数字を作って、予算を達成しよう。私はそう判断しました。

そして販売にプレッシャーをかけ、時間が限られている中、もっとも安易な方法を選んでしまいました。

「企画品（つまり値引き商品）を投入して、予算を何が何でも達成しなさい」と指示してしまったのです。ちょっと値引きしたくらいで、ザ・ボディショップのブランド価値全体が壊れることはないだろう、という読みでした。

私の決断も、お店の努力もむなしく、記録は33か月目にして途切れてしまいます。

確かに、私の読みはある意味当たっていました。その後もザ・ボディショップの価値が著しく毀損《きそん》されたわけではありません。

しかし、私はそれ以上にとても大切なものを失ってしまいました。お店のスタッフのモチベーションです。

私は従業員の中に漂っている空虚な雰囲気を感じとり、信頼している何人かに話を聞くことにしました。

驚きました。彼女たちがモチベーションを下げてしまった理由は、お客様に対する「罪悪感」だったのです。

今日は1000円で売っている商品を、明日からはディスカウントしろと上が指示している。でも、今目の前で喜んで1000円を払ってくださるお客様に、「明日からは800円で売るんですよ、明日買ったほうがいいですよ」と明かすことができない。

私は、商品を値引きするわけだから、お店のスタッフたちは売り上げが作りやすくなって喜ぶのではないか、と思っていました。しかし日々お客様と向き合っているお店の人たちは、昨日の価格と今日の価格が違うことは、お客様に対する裏切り行為だと感じていたのです。

私は、ザ・ボディショップの社長に就任したときにみんなに宣言した「7つのお願い」のひとつ、「ブランドは『お約束』」を、自ら破ってしまった。お客様と社員を裏切ってしまったのです。

やはり、歯を食いしばってでも値引きをするべきではなかった。違うアイデアを考えるべきだった。今でも思い出す苦い経験です。

成功しているブランドは、値引きをしないために利益率がよくなります。その分商品開発や店舗や従業員教育に投資をしてブランドを維持向上させているのです。

一般的にブランドをしっかり確立した企業は高い利益率を上げています。そのうえで従業員の報酬を上げたり、労働環境を整備したりしてよい人材を確保しています。たとえばスターバックスであれば、店内を改装したり、お客様のためにコンセントや無料の無線LANを整備したりして、カスタマーエクスペリエンスを高めています。

しっかり利益を上げていれば、社会やお客様や従業員に還元できる。そのためには、安易に安売りに走ってはいけないのです。

ちなみに、新聞広告や価格調査サイトなどを使って、もっとも頻繁に価格を調査している消費者は、すでにそれを購入した人です。自分が買った商品が、著しく値引きされていないかどうか、要するに裏切られていないかどうかが、どうしても気になる。クルマやマンションといった高い買い物ではなおさらです。やはり価格はお客様との大切な約束なのです。

「お客様は値引きを望んでいる」という幻想

ブランドと価格の関係について、私の販売現場の経験から学んだことがあります。

私は日産自動車時代、大阪のディーラーに出向して1年半セールスをした経験があります。当時の本社の方針で、販売面での人的な支援が行われていました。

私は、「社長賞をとる」という目標に燃えてがんばり、結果としては、販売記録を作り、優秀なセールスマンとして日産本社から社長賞をもらいました。

ただ、どうしても納得のいかないこと、矛盾を感じたことも多々あります。

私のことを気に入ってくださったお客様は、あまり値引きを要求しません。満足してお金を払ってくれるので、むしろこちらからいろいろサービスをします。一方でセールスマンの顔を見るなり、「値引きしてんか、もっと値引きできるんやろ?」と言い始める大阪らしいお客様も少なくありません。仕方がなく、限界ギリギリの額まで値引きに応じることになります。しかしそれなりのテクニックもあります。

「103万円？　岩田さん、ここは気持ちよく、きっちり100万円にしてえなあ」

提示した見積もりに対してそんなリクエストをされると、私は3万円の値引きにすんなり応じず、こう答えることにしていました。

「あと1万円、何とか1万円だけください。残りは私が必ず何とかしますから！」つまり、2万円は引くので、101万円で手を打ってほしい、とお願いするのです。そして、たとえ自分の裁量で行ってもいい値引きの幅であっても、当時は携帯電話がなかったので、わざわざ電話を借りて会社に電話し「所長！　今回の値引きの分は他のお客さんで必ず取り返しますから、何とか認めてください。お願いします！」と、お客様に聞こえるように「演技」します。

するとお客様には、納得していただけるのです。むしろ「岩田さん大丈夫？　あまり無理せんといてな」と気づかいすらしてくれて、満足して買っていただけます。

お客様の満足は、決して値引きの絶対的な幅が決定づけるわけではないということを学びました。

セールスマンになりたての頃は、自分の裁量の範囲であれば、あっさり値引きを受けつけていました。すると不思議に、「もうこれでギリギリですよ」と念を押し、かつそれが本当だとしても、お客様は「まだ安くできるのではないか？」という不信感からさらなる値引きを要求してくるようになります。

しかし、値引きの幅ではなく、お客様が自分自身で納得した様子を見せた場合は、不思議とそれ以上の値引きを要求されることはありませんでした。

いったいい価格って、何なのだろうか？　お客様が本当に望んでいるのは、絶対的な価格の安さなのだろうか？　私はセールスの実績が上がるにともなって、それほど値引きしなくても済むようになっていきました。結果的にサニー大阪全セールスマンのうち、粗利益が2位になりました。ただ今から思うと、定価を１００万円にして、値引きを一切しない売り方が、お客様に対して一番誠実です。

牛丼の安売り戦争が少し前に話題になりました。期間限定で10円を刻みにいく熾烈な争い。その裏には、高騰する原材料費に対応するためのコスト削減と、秒単位で店員の一挙手一投足を決めるマニュアルの徹底があります。食の安全問題に対しても、限られたコストの中で配慮しなければなりません。

しかし、早くもお客様の心は牛丼店の争いから離れてしまっています。少々安くしても、もうお客様からの信頼を失ってしまっているので、見向きもされません。

かわいそうなのは従業員の方々です。コスト削減と効率アップでおそらく疲弊してしまっているでしょう。値下げしたのに、結局お客様をつなぎとめられない。ならば、いったい何のために値下げをするのか。だれも幸せにしない無益な戦いに見えて仕方がありません。

「社会貢献なんて、建前なんでしょ？」

ザ・ボディショップの社長をしていた頃、ＣＳＲ（Corporate Social Responsibility「企業の社会的責任」）をテーマに、ある経済団体の講演会に招かれ、大勢の大企業の役員を前に講演したことがあります。

ザ・ボディショップにとって、化粧品販売を通じて、環境に配慮したり人権を守ったりしていくなどの社会貢献活動は会社のミッションです。本書でもここまで述べてきたようなストーリーをお話ししました。質疑応答の時間になって、ある大手電機メーカーの役員の方が質問をしてきました。

「企業の社会貢献って言いますけれど、それはあくまで建前なんでしょう？　利益追求が一番ですよね？」

彼にとってCSRとは、「かっこつけ」や「建前」であって、あくまでも利益追求が企業の目的だということです。

私は、ちょっと言葉を失ってしまいました。

社会貢献自体が会社の存在理由、つまりミッションであることが、ご理解いただけなかったようです。彼にとって、そして日本の多くの経営者にとっての社会貢献とは、儲けすぎていることへの批判をかわすための、一種の罪滅ぼしなのです。何億余っているから、あそこに1億、ここに1億寄付しよう。あるいはCSRとは企業イメージアップの宣伝材料なのです。ある流通系企業は1％クラブと言ってグループ企業全体の利益の1％を寄付しようと言う活動を行っています。これ自体はとてもすばらしいプロジェクトなのですが、集めたお金の支出の半分が広告宣伝費なのです。「我が社はこんなCSR活動をやっている」と言う宣伝費用に消えていたのです。

私はそもそも、CSRという言葉が嫌いです。「企業の社会的責任」、まさに「責任」として社会貢献活動を認識しているからです。

本当はやりたくないけれど、利益を出しているのにやらないと後ろ指を差されるから仕方がない。贖罪《しょくざい》の意味も込めて、他社の様子も見ながらまあ1億円くらいは寄付しておこう……。つまり、できることなら避けて通りたいけれど、いやいややっていると言うニュアンスを感じます。

スターバックスやザ・ボディショップは、**事業そのものが社会貢献**であり、会社の存在理由だと考えています。「人々の心を豊かで活力あるものにする」ためにコーヒーを売り、「社会を変革する」ために化粧品を売っているのですから。もちろんどこかで困っている人たちに寄付するのはとてもすばらしいと思います。ただ、スターバックスやザ・ボディショップは違う方法で貢献しようとしているのです。

言い換えれば、スターバックスは人々の心を豊かにするために利益を上げ、ザ・ボディショップは社会変革のために利益を上げているのです。利益を上げてしまったからいくらかは還元しなければならないという発想とは、根本的に違います。**利益は目的ではなくて**

ミッション達成のための手段なのです。**自分たちの事業そのものが社会貢献なのだと経営者は胸を張ればよい**のです。松下幸之助さんがおっしゃっているように、多額の納税もして社会貢献しているのです。

その大手電機メーカーの役員は、この違いがどうしても理解できなかったようです。

もしもマンションの理事長をやることになったら

ちょっと想像してみてください。

ある大企業の本部長。多くの人はそれだけで「すごいですね！」と言ってくれるでしょう。社内における評価も、本部長になったということは、それなりに競争を勝ち抜いた証です。部下も取引先も、みんな一目置いてくれます。

この本部長が地域のスポーツチームの監督になったとしたら何ができるでしょうか。◯株式会社の本部長の肩書きは、おそらく何の役にも立たないでしょう。スポーツチームの指揮には肩書きは役に立ちません。本人の人間性や監督の戦略・戦術面での能力と、チームに対する想いだけが問われます。

では、マンションの管理組合で理事長になったとしたらどうでしょう。耐震補強を始めるか始めないかで、住人同士が分裂する状況に放り込まれたらどうなるでしょうか。「私は、○○社の本部長ですから、一任してほしい」と言ったところで、だれも聞いてはくれません。大きな費用のかかるマンションの補強工事は、居住者個々人の都合がぶつかり合い、そこには肩書きや地位は関係ありません。

私はよくゴルフをするのですが、見知らぬ人と一緒にプレーをすることもあります。そんなときに、何か上から目線でえらそうな感じがして、キャディーさんを怒鳴っているのは、大体医者か弁護士です。ゴルフ場では肩書きは関係ありません。ゴルフのマナーこそが問われるのです。

会社や組織を一歩外に出れば、肩書きや実績、社会的地位など何の役にも立ちません。必要なのは、その組織のミッションを考え、自分の言葉で周囲に納得してもらう人間性なのです。それこそがリーダーにとって一番大切なことです。ミッションを考える力、人間性だけで問題に立ち向かうトレーニングをしたければ、ぜひ、だれもがいやがるマンションの理事長になってみることをおすすめします。私が今まで一番大変だった役職が、管理組合の理事長という仕事でした。「若造のくせに、何えらそうなことを言っているんだ!」

なんて怒鳴る、怖いものなしのリタイアしたお年寄りたちを説得するのは、リーダーシップを磨くとてもよい訓練になります。

同じ会社で働き続けるリスクとは

最近大企業の部長研修などをしていると、大企業にいることで安心し、忙しい日々の業務に追われて、そもそも自分は何のためにこの会社に勤めているのか、自分の人生のミッションは何なのかなど考えている余裕がない人が多いように感じます。また大企業の不祥事やリストラの報道を見るにつけ、大企業にいるから安心というのも、客観的に見てどうかと思います。いつも「あなたたちは会社での肩書きを外したときに、何ができるのですか？　大企業の部長はど使えない人材はいない」と研修の冒頭で脅かしています。

一方、若い世代の働き方が不安定だと言われます。入社3年以内に辞める人が40％近くいると聞きます。また契約社員は働く期間が決まっていて、更新されないかもしれない不安定感から、できれば正社員になって安定を得たい。本人も、親もそう強く望んでいるようです。

また一般的に経営者は、通常1年が任期です。その後更新されるかどうかはそのときの業績次第ですし、途中で打ち切られることもあります。

「岩田さん、どうかずっと社長でいてください」と社員から言ってもらえても、業績が悪くなったり、社員が不祥事を起こしたりすれば責任をとらなければいけない。株主がダメだと言えばそこでおしまいです。だからいつも仕事に対して緊張感を持ち続けることができます。

要するにどの階層でも今の時代ひとつの会社に一生勤め上げることは少なくなってきています。企業のほうも全員に対して一生面倒を見ることもできなくなってきています。そのため雇用の流動化が進み、働き方は本当に多様化してきています。その中で絶対的に必要なことは、社内での役職ではなくて、どこに出ても通用するスキルを持つことです。同じ会社で働き続けるということも、時に大きいリスクを背負うことになります。

だから私は、会社のミッションと同時に、自分自身のミッション、言い換えればどの会社で働こうと変わらないミッションを持ち、自分なりのブランドを作っていかなければならないと思います。○○商事、××銀行に勤めていたというだけでは、もはやブランドにはならないのです。

日本を今一度せんたくいたし申候

幕末の物語は、今も多くの人々の心を打ちます。私も大好きです。

その魅力は、志士と呼ばれた若者たちの心にあります。

黒船によって太平の世が破られ、強大な力を誇る欧米の軍艦が次々と押し寄せてくる。このままでは他のアジア諸国と同じように、日本も植民地になってしまうという危機感が彼らにはありました。

「日本を今一度せんたくいたし申候《もうしそうろう》」

坂本龍馬は、早い段階で脱藩したこともあって、藩単位で物事を考える発想から、日本という国単位で考える発想に転換していました。

志士たちには、自分の命に変えてこの国を守りたいという使命感（ミッション）があった。自分が江戸に着くのが1日遅れれば、日本の夜明けが1日遅れると、東海道を走りに走った。**その国を想う心がわれわれの心を打つのです。**

あとから考えれば、無知なもの、偏狭なもの、時代遅れなもの、そして時代を先どりしすぎたものもあったかもしれない。でも彼らなりに悩み、自分でミッション（志）を構築し、それを信じ、ときにぶつかり合ったからこそ、この時代は他の時代にはない輝きを放っています。

彼らはそのとき、自分の出世や金儲けを考えたでしょうか？　それどころか、命すら惜しんではいませんでした。龍馬も晋作も、きっと大変だっただろうけれど、すばらしい人生だったと思っていたに違いありません。

翻って今、私は少なからず「義憤」を感じています。

頭がよくて、うまく立ち回る人が高いポストを得ている。肩書きにものを言わせて自分の利益や保身ばかり考えている。

一方で、崇高なミッションに燃えていても、ずっと報われずに、しかし確実に世の中のためになっていると一隅を守っている人たちがいる。

形だけ、表面上ばかりが大切にされる社会に、アニータのように矛盾を感じるのです。

創業経営者は、ある意味とてもわかりやすい。創業経営者は会社そのものであり、また創業者のミッションがそのまま会社のミッションになっていることが多い。

しかし、私は創業経営者ではありませんし、この本の読者の多くもそうだと思います。だからこそ、自分を会社にたとえたら、どんなミッションで自分の人生を運営していくのかを、まず考えてほしいのです。すると、何をするのか、どんな会社にするのか、どういう形で働くのかについても、答えが見えてくるはずです。「**使命」とは自分の命をどう使うか**と書きます。

安定しているから正社員になりたい。クビにならないから公務員になりたい。給料のよさそうな金融業界に行く。こういった発想が残念なのは、ミッションがないことです。

会社員であるか、フリーランスであるか、起業家であるかといった、働き方は問題ではありません。大切なことは、ミッションを持ち、社会をよくする一翼を担うこと。そうしてがんばっている人を、周りの人々はきっと応援してくれるはずです。

ミッションがある人はがんばれる

オウム真理教が引き起こした一連の事件は多くの命を奪い、とても奇異な事件に見えました。この事件を考えるたびに、京セラの創業者、稲盛和夫さんの著書『心を高める、経営を伸ばす』（ＰＨＰ研究所）に書かれていた、有名な公式を思い出します。

人生・仕事の結果＝考え方×熱意×能力

私は初め、この公式がピンときませんでした。

ところが、犯罪史上に残る凶悪な、オウム真理教事件を考えたとき、納得したのです。オウム真理教に集った人たちは、若くて優秀な人たち。超一流大学を出て非常に高い「能力」を持った人が多かったことが特徴です。オウム真理教を広げたいという強烈な「熱意」を持ちながら、「ネガティブな考え方」がかけ合わされた。すばらしい熱意と能力があっても、世の中に対してマイナスの考え方（つまり間違ったミッション）を持ったために、大きなマイナスの結果を社会にもたらしてしまった。

オウム真理教は優秀な若い人の熱意によって「大きなマイナス」を、歴史上に残してしまいました。

私は、ひとりでも多くの人が、自分の頭で構築したミッションを持ってほしいという思いを込めて、この本を書いています。

ミッションを持った人は、がんばれるのです。

経営者やリーダーには、ミッション、ビジョン、パッションが必要とよく言われます。私はこの中でもっとも大切なのはミッションだと思います。すばらしいミッションを持つことができれば、将来に対して明確なビジョンが持てるし、強いパッションもわき上がってきます。

私たちはそれぞれ、心の中で遠い行き先を見つめています。その目的地こそがミッションです。そして、その道中にある明確な道標がビジョン、これらに加えて、どういうことを大切にしていくかという信条のようなものが、行動指針です。

どうも最近仕事に情熱を感じない、という方は、ミッションが定まっていないのではないか、あるいは忘れてしまっていないか、もう一度振り返ってみてください。

ここまでお読みいただき、「では、どうすれば自分のミッションが見つかるのか……」と悩み始めた人もいるかもしれません。次章では、自分のミッションを作るための7つのヒントについて考えていきます。

第5章
自分のミッションを作る7つのヒント

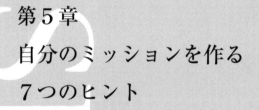

地上におけるあなたの使命が
終わったかどうかを知るテストをしてみよう。
もしもあなたがまだ生きているのであれば、
それは終わっていない。

——リチャード・バック（アメリカの小説家）

ミッションを作る7つのヒント

本章の目的のひとつは、あなたのミッションを構築するお手伝いをすることです。

私は、あなたにミッションを与えることはできません。あなたのミッションは、あなた自身が考えるしかないのです。ミッションとはあなた自身の生き方だからです。あなたの人生は、あなたのもの。私ができるのは、あくまでミッションを構築するためのヒントを示すことだけです。

ヒント1　働き方ではなく、働く目的を考える

私たちは、人としてこの世に生を受け、それぞれのミッションを持ち、その達成のために命を燃やすのであって、その際に会社員であるのか、経営者であるのか、フリーランスであるのかは、二次的、三次的な問題に過ぎません。働き方は単なる手段なのです。

大切なのは、世の中をよくするために、心の底からわき出てくる使命感です。人の価値は、決して肩書きや預金残高で決まるわけではありません。

考えてみれば今こうして生きていることは、とても「有り難い」ことです。もしビッグバンが起こって宇宙が生まれなければ、生物が地球上に発生しなければ……、そんな大袈裟なことでなくても、みなさんのご両親が巡り合わなければ、みなさんはここに存在していないのです。

私は、生きているというよりは、**何か大きな力**（**Something Great**）**によって「生かされている**」という感覚を持っています。生かされているとすれば、何らかの意味があるのではないでしょうか？　つまり私たちひとりひとりが何らかのミッション（使命）を与えられているのではないかという気がしています。

では実際にそれぞれに与えられたミッションは何か？　そう簡単に出る答えではありません。

私は、ゲーテの次の言葉が大好きです。

「**人間は努力する限り悩むものだ**」

ミッションを構築し、さらにそれを実現しようとしていく過程では、悩みが尽きないものです。ゲーテによれば、その努力をしているから悩んでいるのです。そうポジティブにとらえることができます。つまり自分のミッションを見つけ達成しようと努力していること自体が尊いのです。

自分の「ミッション」を探す努力を安易に諦めないでほしいのです。

ヒント2　自分、ミッション、会社は三位一体で成長する

私が大学生の頃、ミッションなんて考えたこともありませんでした。

新卒の就職活動で、大学OBの誘いを受けてある都市銀行に進むはずだったのですが、お断りするつもりで会った日産自動車の大学OBの方に一目惚れしてしまい、日産自動車に入社しました。

確かにクルマや、当時日産が取り組んでいたロケットには興味がありましたが、結局最後は「人との出会い」で決めました。世の中のことなんて何も知らず、自分の適性もわからず、ただ出会いだけで会社を選んだのです。自分のミッションどころか、その言葉さえ知りませんでした。

でも、若い頃はだれでもそうだと思います。あのミッションのかたまりだったアニータ・ロディックでさえ、最初は生きていく生活の糧としてザ・ボディショップを始めました。

彼女の生い立ちを読むと、12歳のときに初めて反戦活動デモに行った、『アンネの日記』

を読んで感動した、などと書かれていて、もともと社会問題に興味があったようです。

しかし、ザ・ボディショップを始めた理由は、夫のゴードン・ロディックとホテルを経営していたのに、突然ゴードンが2年間家族を残してアメリカ縦断の馬の旅に出ると言い出したからです。アニータひとりでは子育てとホテル経営を両立できないので、営業時間の決まっている小売を始めようと思ったのです。それが、たまたま化粧品販売でした。こうして始めたのが、ザ・ボディショップでした。

特徴ある容器は、病院から安く分けてもらった尿検査用のボトル。空きボトルへの詰め替え（リフィル）は、新しいボトルを仕入れるお金がなかったから。コーポレートカラーがグリーンなのは、借りた店が汚くて色を塗ろうとしたとき、たまたまペンキ屋にあった色が緑だったからなのです。初めから高邁な理想やブランド構築のビジョンがあったわけではないのです。

ザ・ボディショップの経営理念の根幹となっているファイブ・バリューズ（化粧品の動物実験反対・環境保護・フェアトレードなど）だって、徐々に増えてできてきたものです。初めから5つあったわけではないのです。

ハワード・シュルツも、最初から人々の心を豊かにしたいと思っていたわけではなくて、深煎りのエスプレッソコーヒーに魅せられて、スターバックスに参加します。

アニータもハワードも会社の成長とともに自身も成長していきました。そしてより大きなミッションを構築し徐々に形を整えていったのです。自分自身も、ミッションも、そして会社も、三位一体でスパイラルに成長していく。

だから、今の時点で明確なミッションがなくても恥じる必要はどこにもありません。自分のミッション、つまり今生かされている理由を考え続けることこそが大切です。

ヒント3 「私」を無くす

ミッションを構築するにあたって、私自身が重要だと考えるのは、「無私」つまり「私」を無くすことです。お金持ちになりたい、出世したいというのは個人的な欲望です。それを否定するつもりはまったくないのですが、それ自体はミッションになり得ないと思います。人生の究極の目的は「幸せ」になることです。お金や出世では幸せになれないからです。自分が人のために役に立っている効用感を得ることでこそ、より高次な幸せを感じることができるのです。

会社員として企業の中で生きていると、ミッションを見つけることは、確かに簡単なことではありません。仮に見つかっても企業のミッションと自分のミッションにどう折り合いをつけるか悩みます。それらが一致していたらどんなに幸せでしょうか。会社生活が、事に仕える「仕事」から、自分の志を遂げる「志事」になれば理想です。

自分の気持ちが、「世の中をよくするためだ」と信じられるかどうか。そう思えるなら、前に進めばいいのです。あまり難しいことは考えなくても、**みなさんの現在の仕事は必ずだれかの役に立っているはず**です。それを意識するかしないかだけです。それが、本来自分がやりたいことと違っていて、どうしても折り合いをつけることができなければ、転職を考えればよいと思います。

ヒント4　3つの輪は何か考える

私の大好きな名著『ビジョナリー・カンパニー2』の、「ハリネズミの概念」の章に3つの輪が登場します。

3つの輪のひとつ目は、「情熱を持って取り組めること」。ふたつ目は「世界一になれること」。そして最後は「経済的原動力になるもの」。

これら3つの輪の重なるところを戦略の中枢に据えなさいとアドバイスしています。

ちなみに「ハリネズミの概念」とは、ハリネズミのようにぐっと丸まってひとつのことに集中する。気が多い狐はいつもハリネズミに負けて尻尾を巻いて退散するという寓話からきています。つまりこの3つの輪に当てはまらないことはしてはいけないと言う教えです。

私は経営者として、自分の経験と照らしてもこの概念は「なるほど」と納得がいきます。

そして、ふとあるとき、この「ハリネズミの概念」は、個人のミッションについても当てはまるのではないかと思いました。

3つの輪を構成する要素を、個人のミッション作成に置き換えて考えてみます。

まずひとつ目の輪は、「情熱を持って取り組めること↓好きなこと」。

ふたつ目の輪は「世界一になれること↓得意なこと」。

そして3つ目は、「経済的原動力になるもの↓何か人のためになること」。

人のためになることであれば、その対価として報酬をいただくことができるわけです。

私と野球を例にして考えてみます。

3つの輪が重なる部分があなたのミッション

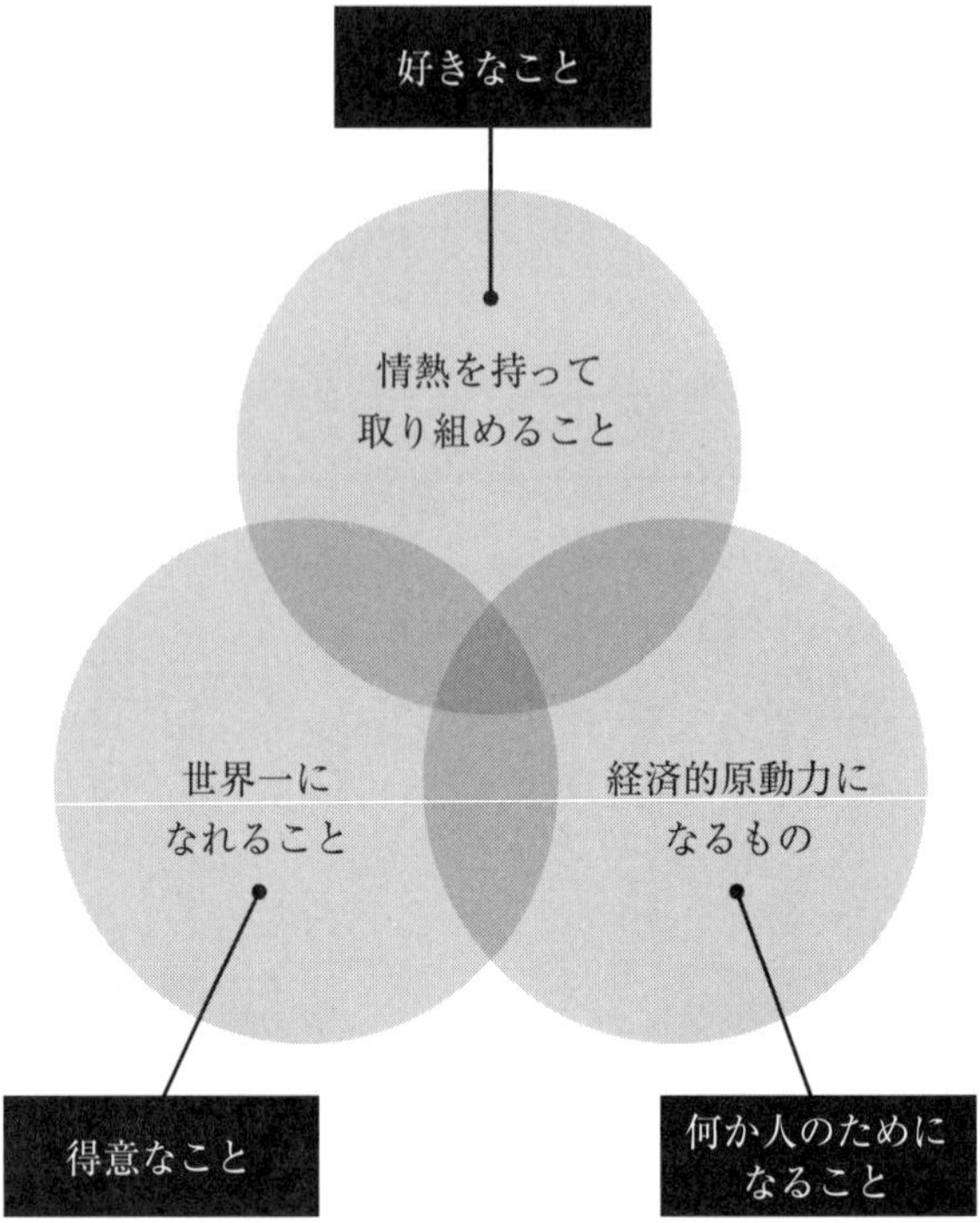

まず、私は野球が子供の頃から大好きでした。これがひとつ目の輪。一応大学野球までやりましたから、普通の人よりは野球が得意です。これがふたつ目の輪。

ただ、残念なことに、私のプレーレベルでは人を楽しませることはできないので、お金を払ってプレーを見てくれる人は、だれもいません。3つ目の輪はあてはまらない。

私にとって野球はあくまでも、ミッションになり得ず、ただの趣味なのです。

では、大リーグで活躍している大谷選手の場合はどうでしょう。もちろん野球は大好きで、野球以外のことにはあまり興味がないように見えます。そして打っても投げてもすばらしい成績を残しています。そして高いお金を払ってでも彼のプレーを見たい人が大勢いる。大谷選手の一所懸命なプレーは、われわれを本当にワクワクさせてくれます。

だから大谷選手にとっての野球は、3つの輪が重なり合っているのです。大谷選手は、野球ですばらしいプレーをしてファンを喜ばすことをミッションにしていると思います。

私の今のミッションは、「リーダー教育」を通じて日本の次世代のリーダーや経営者を育てることです。私は偉人やリーダーが昔から好きで、関連する本をたくさん読み、自分でも経営者としての経験を積んで、一応の実績を上げてきました。こうして自分の経験をもとに、本を書いたり、講演をしたりしてお金をいただいています。私にとって「リーダー教育」こそが、3つの輪の重なる部分なのです。
あなたも、自分の3つの輪の重なりは何かをぜひ考え続けてみてください。

ヒント5　ミッション探し、自分探しの旅はずっと続く

実は私自身50歳を超えて初めて自分のミッションを見つけることができました。そして、サラリーマン時代やザ・ボディショップやスターバックスのときに考えていた人生の目標と、現在の目標は、同じではありません。

ミッションは、一度構築したら終わりではありません。自分自身や周りの変化に応じて、ミッションは「進化」させないといけないのです。ミッションは生きている限り、ずっと考え続けるものであり、また考え続けること自体が大切なのです。

ミッションは、進化させてもいいのです。それは、あなた自身の変化と成長の証なのですから。それよりも大切なのは、自分がこの世に生かされている意味を考え、3つの輪を意識し続けることです。

ミッション探し、自分探しの旅はずっと続きます。

アニータやハワードをはじめ、成功者と呼ばれる人たち、そして世界的なブランドを確

固たるものにしている企業には、明確なミッションがあり、そこで働く人たちも強烈な使命感を持っています。

しかし、みなさんの中には、もしかすると自分が勤務している会社には明確なミッションがないという方もいるかもしれません。

でも、個人のミッションは、会社のミッションと必ずしも100％イコールである必要はありません。もちろん仕事を通じて自分のミッションが達成できれば一番理想的です。まさしく仕事が「志事」になるのです。経営者でも、リーダーでも一般社員でも、常に3つの輪をヒントに、考え続け、進化させていくこと。自分は社会にどう貢献していくのか？考え続けてください。

ヒント6　自分の存在を肯定する

私にも評価されず不遇な時代がありました。追い詰められてノイローゼになりかけた時期もありました。

それでも、心の中で「いつか絶対、歴史が自分を必要とするときがやってくる」と自分を励まし歩んで来ました。

時々「ミッションを持つなんて……生きていくのに精一杯」という人もいます。でも、そうではありません。

アニータ・ロディックは、自分の存在をちっぽけだと揶揄《やゆ》する人々に向けて、こう言っています。

「自分の存在が小さすぎて影響力などあるわけがないと思う人は、蚊と一緒に寝てみたら？」（夜中に蚊のブーンという羽音に悩まされた人は多いでしょう？）

ひとりひとりに、**この世に生まれてきた意味**がきっとあるはずです。世界中であなたはあなたひとりなのです。かけがえのない存在なのです。**何のために、だれのために尽くすべきなのか、内なる心の声に耳を傾けてください。**

ヒント7　「自分はまだまだ」の気持ちが成長を加速する

一度構築したミッションを成長させ、進化させていく原動力は、**謙虚さ**ではないかと思います。それは、謙虚さこそが、勉強し続け自分を磨いていくために必要な栄養素だからです。それがなくなれば、成長も止まってしまいます。

功なり名を遂げ、たとえば創業した会社の株式を上場した。億単位のお金も手に入った。そこで止まってしまう人は、要するに謙虚さをお金と引き換えに売り渡してしまったのです。

しかし、そこで「自分はまだまだ……」と思えた人は次のステップに進んでいきます。高い志を持ち続けることは、謙虚さを併せ持つことです。

どんな教えであろうと、聴く人によって糧になるはずですが、中には自分には関係ないとひねくれてとらえる人もいます。ですから松下幸之助さんは、経営者やリーダーは「素直な心」が一番大切と教えているのです。

信じた道をゆけ！

今、私は人生の方向性に迷いはありません。何が私の精神を安定させているのか。それは、確固としたミッションができたからです。私の現在のミッションは「よきリーダーを育てること」です。そのミッションを達成するために、いろいろなことにチャレンジしています。本を書いたり、講演をしたり、研修をしたり、オンラインの経営塾を主宰したり、経営者のコーチングをしたりしています。

高いポジションを目指したり、大きなお金を稼いだりすることはミッションになり得ません。上を見ればキリがないし、失うことへの不安から心の安定は望めません。何より世の中のために役立っていません。

自分のミッションに到達するまでにたどる道筋は、決して1本ではありません。そしてミッションがあるからこそがんばることができ、努力もでき、忍耐もでき、スキルも身についていくのです。

世のため、人のため。
社会のため、お客様のため。
そのためにできることは、いったい何でしょうか？

ミッションさえ見失わなければ、多少遠回りでも、損をしてでも、後ろに下がっても構いません。人生は長いのですから、いろいろあります。どうしても我慢できない、自分のミッションと今の仕事がどうしても折り合いがつかない、というのであれば、給与やポジション、目先の利益に惑わされずに信じた道を進んでください。

第６章
火花散らすリーダーの８つの習慣

成果をあげる人とあげない人の差は才能ではない。
いくつかの習慣的な姿勢と、基礎的な方法を
身につけているかどうかの問題である。

――ピーター・ドラッカー

ピッチャーとサード、どっちがえらいか？

会社のミッションに共鳴し、仕事を通じて自分のミッションも達成できれば最高です。たとえば経理やマーケティングのスキルを通じて社会に貢献したいというミッションは、結果的に会社のミッションを成就させることにもなります。まさしく「仕事」が「志事」になります。

私は社長を3度経験してきましたが、だからと言って自分がえらいなどと思ったことは一度もありません。野球で言えばサードとピッチャー、どちらがえらいか議論しても意味がないのと同じです。ライトもベンチの人もいて初めて試合ができる。そこに上下関係などないのです。社長時代お店で働いているパートナーのおかげで自分の給料は出ていると、私は本気で思っていました。私はお店のパートナーたちをサポートするために社長をしている。お店の人のサポートで社長業が何とかできている。お互いにサポートしあっているのです。

会社のミッションを実現するために、お店で、物流センターで、本部で、そして社長室でそれぞれのポジションを守っているに過ぎません。

ここからは、私がいろいろと壁にぶつかりながらリーダーとして得てきた、人を巻き込むヒントをご紹介していきます。

火花を見逃さないリーダーの8つの習慣

習慣1　リーダーは御用聞きと心得る

私がリーダーの役割でもっとも大切だと考えるのは、**「御用聞き」**です。

最近どう？

元気？

何か困ったことはない？

現場やメンバーにそう聞いて回る。それこそがリーダーの仕事です。

これが社長の場合はなおさらです。何か問題が起きたとき、もっとも強い解決能力を持っているのは社長です。お金や人を動かす権限を持っています。しかし、社員は最初から心を開いてくれるわけではありません。相手が社長だから緊張しているということもあるでしょうが、基本的にはだれも、いきなり本音を話したりはしません。粘り強く、何度もアプローチを続けるのが上に立つ人の大切な役目です。

すると、だんだん困りごとが出てくるようになります。電球が切れたので変えてほしい。排水口が臭う。もう3か月も前からお願いしているのに対処してくれない。

すると私は、その場で関係部署に電話をかけて対応を依頼します。

社長がそんな細かなことまでする必要はない、という声も聞かれました。しかし私はやめなかった。なぜなら、社長が現場の声を聞いて直ちに動くことで、自分たちのことをきちんと気にかけていると知ってもらいたいからです。さらに本来の担当者にも、私の代わりに同じことをしてほしいと思うからです。

もしその困りごとをその場で解決できなくても、必ずあとで状況を伝えるようにしていました。もちろんすべての要望は聞けません。その場合でもきちんとできない理由を伝えるようにしました。これは個別に困っている問題に対して、リーダーが本気で一緒に考えてくれているというメッセージにもなるのです。

習慣2　リーダーにしかできないことをする

私はアトラスで初めて社長になってから、原則として、名刺を交換したすべての方にお礼状を書いていました。秘書さんにサポートしてもらいながら、パーティーでも、勉強会でも、相手がどのような立場の方であろうと、必ず自筆でサインをした手紙をお送りしていました。

そして、ザ・ボディショップやスターバックスで新しいお店がオープンするときは、開店セレモニーに出席するだけでなく、できるだけ店長さんを連れて、新店のMSR（〝向こう　三軒　両隣り〟のお店）の「ご近所さん」に挨拶に行き、帰社後さらにお礼状を出していました。

特にスターバックスがショッピングモールなどにあとから出店すると、既存のテナントから嫌がられることもあります。とても人気のあるブランドでお客様の集客力があるのだから歓迎されそうですが、反面同じ飲食業種では、お客様を奪われかねないと警戒しているからかもしれません。

新しく出店した空港のお店の店長さんが商店会などで冷たくされているという話を聞きました。私は出張のついでに、その空港のお店に行き、店長さんと一緒にそれらのお店を一軒一軒回ったことがあります。そこで挨拶に現れた店長さんと名刺交換すると、みなさんとても感激されていました。さらに本社に戻ってお礼状を出しました。するとその後、周りの商店の対応が変わったと聞きました。社長としての立場を利用して、新しい店舗をサポートするための援護射撃ができたと思います。

習慣３　ラブレターのようにマネジメントレターを書く

ザ・ボディショップは私が離れる時点で約１００店舗から１７５店舗まで拡大しました。スターバックスでは、就任当初で約８００店舗、退職時には１０００店舗を超えていました。

できることならそのすべてのお店を巡回し、お店のみなさんと話をしたいと思っていましたが、特にスターバックスの店舗数になれば、物理的にも時間的にも難しかった。もちろん地域ごとに店長に集まってもらうミーティング（ラウンドテーブル）をできるだけ多く行う努力をしていました。

足らない分は会社の方向性、現在の状況、私の考えなどを伝える手段として、マネジメントレター（全パートナーに送るメール）を活用していました。ザ・ボディショップのときは毎週1回、スターバックスでは平均して月2回、3000文字ほど書いて送信していました。

私にとって、マネジメントレターは、遠くに住む恋人に送るラブレターのようなものでした。

たくさんのお店があり、距離的にも離れています。お店のみなさんに簡単に会いに行くことはできない。私の思いを直接伝えたいけれど、なかなか会えない。

一方お店のみなさんも、離れ小島にポツンといるような感覚ではないかと思っていました。今社長は何を考えているのか、会社はどの方向に向かっているのか、自分たちは今どこに立っているのか。

私は、できるだけ詳しく会社の現状を記し、最近あったこと、そして現状の問題と取り組みを書きました。アニータやハワードに会って話せばその内容を伝え、会社のミッションを自分なりの言葉で繰り返し書きました。

お店回りをしていると、マネジメントレターを読んでくれたお店の店長さんたちから、よく声をかけられました。「いつも楽しみにしています」、「岩田さんからの問いかけをみんなで話し合ってみました」、といったうれしい言葉をかけてくれるのです。

つい最近ザ・ボディショップの人から連絡をいただき、こう言われました。

「岩田さんは毎回、レターの一番最後を『ありがとうございました』と締めくくってくださいましたよね。あれ、とても心に響いていました」

スターバックスの店舗の前で交通事故を起こしてしまった女性に1杯のコーヒーをお出ししたパートナーは、その当時起こった西日本での災害を見た私が、「困った人を見かけたら手を差し伸べてほしい。スターバックスの社員である前に人間として正しい判断をしてほしい。私は必ずそれを支持する」と綴ったレターを読んでくれていたようでした。

社長は経営数値を見ることが大切な仕事です。売り上げや利益はもちろん、対前年比何％増？　購入お客様数は？　お客様単価は？　SPH（時間当たり人時生産性）は？　今日の株価は？　それらのことを経営者として頭に入れておくことは大切です。しかしそれ以上に今お店の人たちがどんな気持ちで働いているのかを知り、自分の思いをみんなにどう伝えるのか、みんなの思いをどう感じとっていくのかを考える。それこそが一番大切な仕事だと思います。

数字や指標が大切なことは当たり前です。しかし、たとえ売り上げが何百億円であろうと、それは1杯350円のコーヒー、1000円のボディシャンプーの積み重ねでしかない。年間2億回の「ありがとうございます」の積み重ねで1000億円の売り上げが成り立っているのです。そのことを忘れてはいけないのです。一番大切なお店のパートナーたちをいかに輝かせるのか？　だから私は、お店の人たちに気持ちを込めてレターを送り続けたのです。

習慣4　背景と意義を必ず説明する

立場が上になればなるほど、いかに人に気持ちよく仕事をしてもらうかというリーダーとしての役割がより重要になります。

私は指示やお願いをするとき、できるだけその**背景にある意図や、意義を説明**するように心がけていました。

A：「このデータ、前期、前々期と比較して表を作って、30部コピーしておいて」

B：「このデータ、明日の○○ブロックの店長会議で使うので、前期、前々期と比較して表を作ってほしい。店長さんたちを元気づけるために伸びが強調できるようなグラフもつけておいてください。みんな喜ぶだろうから。今聞いている参加者は30名だけど、少し増える可能性もあるから2部ほど予備もコピーしておいてね」

AとB、しゃべる時間の差はせいぜい10秒。しかしBのほうは、自分が与えられた仕事が持っている意味、それがどういう形でビジネスにかかわっているのかを理解しやすいはずです。

きちんと背景や意義を説明しておくと、相手はモチベーションがわき、仕事の優先度、要求されているクオリティのレベルを判断できます。これは、習慣さえつけてしまえばそれほど難しいことではありません。まさしく仕事自体のミッションをきちんと伝えれば、いろいろな工夫の余地も出てきます。

マネジメントレターとも共通しますが、私は、**よきリーダーはよき説明者である**と考えています。

目標に向かって日々業務に邁進していても、闇雲に走るよりも、今どのあたりを走っているのか、自分は全体に貢献できているのか、どう評価されているのかを知らされたほうが、モチベーションは上がります。数字やその背景などの情報はできるだけオープンにし、みんなで共有するほうが、**「同じ船に乗っている」**という感じを持ってもらえます。

習慣5　褒めるときはみんなの前で、注意するときは個別に

リーダーも褒めるときはうれしいものですが、ときとして心を鬼にして叱らなければならないこともあります。私は、できる限り感情的になってはいけないと考えています。とても難しいことですが、叱ってもよくても、怒ってはいけないのです。しかし、私もつい嘘をついたり、ずるいことをしたりした人は、どうしても許せないので普段は使わない大阪弁で怒鳴ることもたまにありました。

ただ私なりに心がけていたのは、いい話、褒める話は、できるだけみんながいる前で、叱る場合は、人目を避け、個別にするようにしていました。さらに叱る場合でも、最初は普段頑張っていることへのお礼やよいことを言ったあと、本題の改善点について話し合います。こうすることによって、相手も素直に話を聞けるでしょう。結局は相手の成長を促し、同じ過ちをさせないようにすることが目的です。

いきなり悪い部分を指摘し始めると、自分はリーダーに嫌われている、あるいは自分の

人格を否定されてしまったと感じてしまいます。さらに他の社員の面前なら、恥をかかされたとも思ってしまう。もちろんそんな意図はないのですから、こうしたデメリットはできるだけ避けることが大切です。叱り方もできるだけ質問によって、原因と再発防止策を本人に気づかせるように誘導します。本人が自分の問題点に気づかず、反省していないときには、きちんとフィードバックをしてあげるべきです。

習慣６　会議や朝礼では「いい話」から入る

会議でも朝礼でも、**冒頭はできるだけいい話から入る**ようにしていました。お客様からこんなお礼状をいただいた、先週オープンしたお店は開店前から２００名のお客様が並んでくださった、最近行ったレストランでこんなすばらしいサービスを受けた、などその場にいる参加者が元気になるような話をしました。

アメリカのスターバックスで研修を受けたときに、エリア会議で「レコグニション（承認）」をやっているのを見て、すぐに日本にも取り入れようと始めたのです。

とにかくいい話から始めて、場の雰囲気が和みポジティブな気持ちで会議が行えるようにしました。たまたまあとで心理学者の本を読んでいたら、意思決定するときにポジティブな気持ちで判断すると、そうではないときに比べて40％正解率が高まるということが書かれていました。

この習慣を始めたときは、私自身が「いい話」をするようにしていました。そして、徐々に慣れてくると、他の参加者にも「何かいい話、ない？」と聞いてみるのです。

もともとスターバックスは、教育やコミュニケーションにおいて「ＧＡＢカード」を頻繁に用いています。このカードにはメモ欄があり、他のパートナーが行った「よいこと」を書き込み、相手に直接渡して感謝の気持ちを伝えるようにしています。この習慣がスターバックスのお店のあの温かな雰囲気の一因になっていると思います。

会社での会議は決していつも楽しいわけではありません。売り上げが下がることも、目標を達成できないことも、品質問題が発生することもある。だからと言って、会議の冒頭から、目標未達に対しての営業本部長の罵声から始まり、それを社長が目を閉じて聞いているような状況で、よいアイデアや解決策など生まれるはずがありません。必ずポジティブな話から入り、互いの努力を認め合うようにすれば、いきなり暗い雰囲気になるよりも格段に解決の糸口を見つけやすくなるはずです。そのためにも普段から問題点だけではなくて、褒めることのできるネタを探しておくことが大切です。

習慣7　結果だけではなく過程を褒める

リーダーは褒め方も大切です。

日産自動車入社3年目、日産サニー大阪に出向し、セールスマンとしてクルマを売っていました。最初はなかなかクルマが売れず本当につらい経験でした。

当初は、手当たり次第一軒一軒飛び込みをしていました。まさに「闇夜に鉄砲」という感じで、お客様に話さえ聞いてもらえない。居留守を使われる。惨めな気持ちになったのは一度や二度ではありません。基本的な研修を数日受けただけで、販売現場に出されたので、毎日が試行錯誤の連続でした。買ってくれそうなお宅に、割り当てられたチラシをとにかく配る、名刺をできるだけ多く置いてくる。ポストに入れたり、クルマのワイパーに挟んだり。マンション1棟丸ごと一軒一軒飛び込み訪問をかけたりしました。車のトップセールスマンはもちろん、生命保険をはじめさまざまな業界のトップセールスマンの本を20冊以上読破し、何かヒントがないか必死で模索しました。

結果として、私は歴代出向者の売り上げトップ、そして粗利益ではサニー大阪の全セールスマンの2位の成績を収めることができ、日産自動車本社の社長賞と、サニー大阪の社長賞もいただきました。

当時のサニー大阪の社長は、その後日産自動車本社の常務、つまり営業のトップにまで上り詰めた方です。その方が最後の送別会の表彰式で私を褒めてくださったのですが、その褒め方に感動しました。

「岩田は、1年半で名刺を2万枚配った！ 他の営業マンの10倍以上だった。」

クルマを何台売ったという結果ではなく、努力の過程そのものを褒めてくれました。本当に私はうれしかった。営業所では、当初本社からの出向者への風当たりは決してやさしいものではありませんでした。注文書の書き方などの初歩的なことを聞くと馬鹿にされたりしました。本当に右も左もわからず必死で、最初の3か月はまったく売れませんでした。しかし諦めず毎日毎日飛び込み訪問をして、だれよりも多くの名刺を配りました。

一所懸命もがいたその努力をしっかり見ていてくださったのです。結果ではなく、過程をしっかり見る。それはリーダーの大切な仕事です。

習慣8　補欠の気持ちを理解する

私は若いときから弱い立場にある人の気持ちが比較的わかる方だと思っています。そう考えるのは、学生時代の野球を通じた経験からです。子供の頃から野球が大好きで、高校時代も球児でした。大学に進学後、躊躇《ちゅうちょ》したものの体育会の野球部に入部し、1年の秋から試合に出るようになりました。

ところが翌年、練習中にひざを痛めて、半月板を除去する手術を受けます。治療中はずっと球拾いやノッカーといった裏方を務めていました。

リハビリを終え、本格的に練習を再開するとき、どうせゼロから出直すのだからと、高校時代からやってみたかったピッチャーにチャレンジすることにしました。足腰を鍛えるためランニングと投げ込みの日々を送ります。練習後もひとりで5キロメートルほどある学校の外周を走りました。

大阪大学は国立大学でも、当時はレベルが高く、近畿リーグの1部に所属していました。私は練習試合でもなかなか出場の機会がありませんでした。

3年の秋の最終戦当日の朝、チームメイトたちが、

「岩田に一度投げさせてやってほしい」

と監督に進言してくれたようでした。

こうして初めて日生球場（当時）の公式戦のマウンドに立ちました。

5回持たないのでは、というみんなの心配をよそに、運よく2点に抑えて完投しました。

みんなにもらったワンチャンスを足がかりに、4年の春にも先発する機会を何回かもらえるようになりました。補欠でも、腐らずにやるべきことをやっていれば、だれかが見ていてくれる。私の場合は日の当たる瞬間を味わえたので幸運でした。

私自身、試合に出られずにベンチにいる間は、本当につらい日々でした。毎日厳しい練習をしているのは、やはり試合にでて活躍したいからです。補欠の人たちは本当に1打席でも1回でも試合に出たいと強く思っています。こうした経験から、陽の当たらないところでも諦めずにがんばっている人を大切にしようという気持ちになりました。

お店でも、製造ラインでも、アルバイトも含め多くの方が働いていて、日々がんばってくれています。私は、できるだけそう言った人たちに目を向けるようにしていました。

ザ・ボディショップの社長に就任したばかりの頃、本社では契約社員やアルバイトは知る必要がないからと、朝礼には社員だけを出席させていました。私はそれを知ってすぐに全員が朝礼に出席するように改めました。

会社にどれだけ貢献してくれたかによって評価するべきであって、働く形態で差別するのはおかしい。会社で働いている人はどういう雇用形態であれ仲間だし、会社のいろいろな方向性を知っておくべきだと思ったからでした。

面接で人を見抜く方法

経営者のとても大切な仕事のひとつとして人の採用があります。

私は会社のカルチャーを作るのは新卒だと思っているので、特に新卒の採用に力を入れました。

ザ・ボディショップでは、とりわけ力を入れたのは会社説明会でした。東京だけでなく地方も含め、毎年20回以上行いました。そこで話したのは、ザ・ボディショップのミッションやストーリーであり、アニータの人となりです。会場の学生さんたちは一所懸命メモをとってくれました。

アニータの魅力やザ・ボディショップが目指していることを話すとみんなファンになってくれるのです。説明会後、近くにあるザ・ボディショップの店舗の売り上げが必ず伸びました。

会社説明会に力を入れたのは、ザ・ボディショップのミッションに共鳴したよい人材を採用したいという思いが一番ですが、たとえ入社してくれなくても、説明会に来てくれた学生のほとんどが、ザ・ボディショップやアニータのファンになってくれるからです。もしこれを店頭でやろうとすれば、お客様は逃げていってしまいます。

新卒の場合でも、中途採用の場合でも、面接で決まってする質問があります。

「あなたの強みを3つ、弱みを3つ教えてください」

強みは、当然しっかり事前に用意をしてきていると思います。じつは、私が一番注目しているのは、弱みのひとつ目です。強みを3つ話したあとの「弱み」は、割と素直に話してくれるからです。

小売業なのに人とつき合うのが苦手とか、チームワークが得意でないという人は、さすがに敬遠します。

もうひとつの質問は

「あなたが今までの人生の中で一番光り輝いていたのは、いつですか?」

部活でもサークルでも、アルバイトでも、自らがもっとも輝いていたことを、どう考えているかを聞きます。このときこそ、禅の言葉で言う「全機」(=その人の能力が最大限発揮されている状態)だと思います。先の質問で教えてくれた「自分の強み」と整合が取れているかをチェックします。そして同じような場面を会社として用意できるのかを考えます。またどういった場面を選ぶかでその人の価値観もわかります。みんなで何かを成し遂げたことを選ぶならグループ志向だし、ひとりコツコツ成し遂げたことを選ぶなら個人志向だと思います。

また逆に学生さんには、採用に社長自らがどれだけエネルギーをかけているかをよく見なさいとアドバイスします。よい人材を採用することに力を入れている会社はきっと伸びると思っているからです。若い人たちにとって今の会社の状況より、10年後、20年後の方が大切なのですから。

もしも宝くじで3億円当たったら……

「どんな会社を作りたいですか?」

もしこんな質問を受けたら、私はこう答えます。

「**社員が、宝くじで3億円当たったあとでも働き続けたいと思う会社を作りたい!**」

私はこれを「宝くじテスト」と呼んでいます。

もし宝くじで3億円を手に入れたら、どうしますか？　よほど高い生活水準を望まなければ、一生暮らしていける金額です。つまり、もうお金のために働く必要はないのです。

3億円宝くじが当たってもなお働きたい。

経営者にとっては、とてもハードルが高いけれど、究極的に目指すべき会社の姿だと思います。

私自身社長をしていて、とてもうれしかったことがふたつあります。

まずは、業績が絶好調で、特別賞与を払う瞬間です。配るほうももらうほうも満面の笑顔。みんなで達成したことを喜び、そのご褒美を分け合う。とても幸せな瞬間です。

もうひとつは、人を育てるという喜びです。

ザ・ボディショップの会社説明会では、学生たちに向けて入社2年目の若手社員にも話をしてもらうようにしました。私はそれを横で見ていて、うれしくて泣きそうになったことが何度もあります。

少し前までは、不安げに話を聞いている学生の立場だったのに、わずか1年後に堂々と自信と誇りを持って自分の仕事のことを話してくれている。一切シナリオなしで、社長として言ってほしいことを言ってくれる。人って、短期間でこんなに成長するものなのか。

リーダーとして社員の成長の瞬間に立ち会える充実感は、かけがえのないものです。

スターバックス大学

知り合いを通して、間接的にお礼を言われたことがあります。

「私の娘は、大学の3年間、スターバックスでいろいろなことを勉強させてもらいました。娘は、就職するので、スターバックスも卒業していきます。おかげ様で娘は本当に大きく成長してくれました。心からお礼を申し上げたいのです」

スターバックスは、コーヒーの販売を通して人々の心を豊かで活力あるものにするために活動しています。パートナーたちはアルバイトまで含めると2万人を超えます。

こうしてお店で毎年多くの学生さんが成長して巣立ってくれている様子を見ていて、こう考えるようになりました。

「スターバックスは人を育てる学校なのではないか、そして私はスターバックス大学の学長なのではないか」

何しろ、コーヒーを通じて「人々の心を豊かで活力あるものにする」ことがミッションなのです。そのためコーヒーの淹れ方や接客方法などを、コーチングを通して学びます。今度は新しく入った後輩たちをミッションに基づいてコーチングする。どうしたらお店がもっとよくなるか就業時間外に自主的にみんなで話し合う。大切な多くのことを学んだ彼女たちはそれぞれの道で社会に貢献してくれている。

スターバックスは、1杯のコーヒーを通じて人々に活力を与えているだけではなく、社会にとても有為な人財を送り出している、そんなふうに私は考えていました。

もちろん企業ですから、雇用を創出し、賃金を払い、利益を出すことが求められます。そのうえで人づくりまでしている。逆に人づくりをしっかりしているから、業績が上がっているのだと思います。

給料や待遇などはもちろんとても大切です。しかしながら社員のみなさんがその会社で働き続けたいと思うかどうかは、自分が仕事を通じて成長できている実感が持てるかどうかにかかっていると思います。

もはや、新卒学生の就職戦線において、スターバックスでアルバイトをしていたということそのものが、ひとつのブランドになっています。就職にもかなり有利に働いていると聞きます。

人を魅了するアニータのプレゼンテーション

リーダーは人前で話をする機会が多くあります。社内での大きな会議、外部に向けての新製品発表、決算説明などです。

しかし私には、残念ながらみなさんにプレゼンの極意を説明できるような資格はありません。それには理由があります。

コンサルティング会社に勤めてクライアントへのプレゼンを数多くこなし、アトラスの社長になって投資家向けのプレゼンも数をこなし少し自信がついた頃です。あるゲーム機の新商品発表会の席上、ゲームソフト会社を代表してメインスピーカーとしてスピーチをする機会がありました。私はスピーチ原稿を作ってそれなりに準備していました。原稿を懐にしまって、もしわからなくなれば原稿を見ればよいと甘く見ていました。しかし、壇上に立った瞬間、何十人もの記者たちからカメラのフラッシュをたかれ、頭の中が真っ白になってしまいました。しかも原稿を広げる演台もなく、しどろもどろになってしまい、今でも何を話したか記憶がありません。

その苦い経験から得たことは、人前でプレゼンをするときには、事前に十分準備し原稿を作成すること。そして、必ず会場を下見し、予行演習をしておくことです。

私が事前の準備段階を含めて間近で見る機会を得た、アニータ・ロディックのプレゼン術をご紹介します。

アニータと私が初めて会ったとき、彼女が東京に来た目的のひとつは、「ドメスティック・バイオレンス・イン・ザ・ホーム」という家庭内暴力防止のキャンペーンで、各地でスピーチをすることでした。その中には大企業のＣＳＲ責任者に対するプレゼンの日程も含まれていました。

東京にやって来た彼女は、まず聴衆の層を確認します。当初は学生など若い人が多いと考えていたのに、どうも役職が高い年配者が中心と知って、前日の深夜までロンドンとやりとりして、資料をすべて作り直していたのです。

資料の見せ方も独特でした。まず、インパクトのある数字を出しました。たとえば、世界中で**３人**に**１人**がＤＶの被害にあっている、**５分**に**１人**が殺されている……。

普段は冗談ばかり言っているのに、本番になり、壇上に立つと、人が変わったようにキリッと戦闘モードになります。話し方も普段より大きくゆっくり話します。

アニータのような有名人なら、普通に話すだけで聴衆は絶対に満足するはずです。にもかかわらず、時差ボケで眠たいはずなのに夜中まで準備していたことに感動しました。翌日プレゼンが終わってから、どこからそんな元気がわき出てくるの？　と聞いてみました。

アニータの答えはこうでした。


「**アンガー（怒り）があるからよ**」

彼女は、社会の不合理に対する怒りを原動力としている。だから、普段はニコニコしていても、プレゼンに入った瞬間にそれを力に人が変わるのです。


一方で、ハワード・シュルツのプレゼンも、とても感動的で、人を魅了します。彼も、アニータ同様、結構な長時間のプレゼンでも原稿を一切読みません。しかも彼の言葉や立ち居振る舞い、間のとり方は、聴く人の心を鷲づかみにするのです。

私が見る限り、ハワードは、場の雰囲気を読みながら、その場その場で言葉を選び、自信を持って話をしていました。

もちろん場数を踏むことも重要です。

しかし本質は、確固としたコンテンツがあることと、事前準備です。

本当に心から伝えたいという気持ちが準備に現れ、本番で相手に伝わるのだと思います。

心からあふれ出たものは、相手の心に注ぎ込まれるのです。

第7章

ミッションを育てる時間術、勉強法、読書術

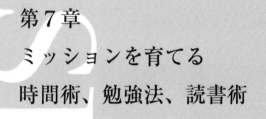

ひとつのことを、一生やり続けられると、確信する日がくる。

——スティーブ・ジョブズ

時間を有効活用する7つのポイント

この章ではこれからビジネスパーソンとして成長するための具体的なアドバイスについて書いていきます。

まずは、**時間の使い方**です。

この本の読者で、時間があり余って仕方がないという方はいないでしょう。限られた時間を、自分のミッション達成のためにどう使えばいいのかは、切実な問題です。

これからご紹介する事例は、すべて私自身が経験したことや、実践していることです。何か読者のみなさんのヒントになれば幸いです。

ポイント1　時間の記録をつける

忙しい、時間がないと感じているビジネスパーソンがまずしなければいけないのは、自分の時間の使い方を管理することです。

「**測れないものは管理できない**」

何かを管理するには、現状把握からです。まずやるべきことは、自分の時間を、何にどれだけ使っているのかを記録し、分析してみることです。

あるベンチャー経営者のコーチングをしているとき、どんな時間の使い方で、何が問題だと思っているかを聞いてみると、「メールなどの処理、対応に1日2時間近い時間をとられて困っている」ということでした。そこで1週間ほど大雑把に記録をつけてもらうと、実際は2時間どころか、毎日6時間も使っていたことがわかりました。その経営者が真剣にメール処理時間の短縮に取り組んだのは、言うまでもありません。

生産性や効率性について、私個人が本当にラッキーだったのは、日産自動車で初めに担当した仕事が、工場の生産管理部門だったことです。

ストップウォッチを片手に、ある工程の作業が何秒かかるのか測定し、分析して無駄を省く仕事でした。たとえば、みなさんはエレベーターに乗るとき、行き先階のボタンを押してから「閉」のボタンを押しますか、それとも「閉」を押してから行き先階のボタンを押しますか？　私は必ず「閉」を先に押します。後者のほうが0・何秒かの時間の節約になります。こういった細かな時間の積み重ねが、年間単位で何時間になり、人生において全体で見れば何百時間にも相当します。無駄な時間を除いて、常に作業の効率性を高める意識を持つことが大切です。ドラッカーによれば、近代経営学の始まりは、フレデリック・テイラーの動作研究（科学的管理法）からです。経営者も、リーダーも、まずは自分の時間管理をして、効率的に時間を使うことから始めるべきです。

もちろん、経営者やデスクワーク中心の人が0・1秒単位で時間を切り詰める必要はありません。しかし、定量的に時間の使い方を把握し、経営資源で一番大切な時間を無駄にするようなことは、しないようにしましょう。

ポイント2　切り替え時間を早くする

ひとつのことを終え、次のことに取り組むまでにとても時間のかかる人がいます。すぐに切り替えて次の仕事をすればよいのにと思ってしまいます。私自身は切り替えが早いほうです。前の予定を終えたらすぐ次の仕事を始める。食事を済ませればすぐに次のことにとりかかる。ちょっと空き時間ができればすぐ本を読み出す。

何しろ根が体育会系ですし、時間は一番大切な資源だと思っているので、だらだらしようという気持ちそのものがありません。高校時代、野球と勉強の両立にとても苦労しました。通学中でも単語や年号の暗記をしていましたし、試験前などは眠気と戦うために立って勉強していました。時間を有効活用することは、この頃から鍛えられたような気がします。いつでも漫然と時間を過ごす余裕はありませんでした。

たとえば、飲み会の2次会、3次会など、もうみんな酔っぱらって何を話したかさえ覚えていない……。それ自体が楽しみの人も多いと思いますが、もし情報交換や親睦が目的なら、1次会で十分な気がします。貴重で限られた時間を本当にやるべきことに充てているか、しっかりチェックすることが大切です。

ポイント3　細切れの時間を有効活用する

時間は限りある資源で再生不可能であると同時に、お金持ちにも貧乏な人にも、極めて平等に存在するものです。同様に、通勤時間やトイレ、入浴中、待ち合わせ時間といった細切れ時間も、だれにも当たり前のように存在しています。

さらに、忙しい人、つまり1日にいくつもの予定が入っている人ほど、予定と予定の間に細切れの空白ができやすくなってしまいます。これを、ぜひ有効活用しましょう。

まず私は大原則として、細切れ時間をいろいろなことの整理に使っています。

整理とは、いらなくなったものを捨てることです。私の場合、細切れの時間はメールの整理などに使います。そのために、スマートフォンをPCメールと連動させ、メールの整理を始めます。机の上やカバンの中身の整理もよいでしょう。

大切な考えごとには、時間をかけたい。細切れの時間では、アイデアが湧き出したところに、突然思考を中断しなければならなくなることがほとんどです。記録もろくにとれませんから、何もしなかったのと大差がなくなってしまう。

トイレや入浴などの決まったシーンでは、テーマを決めます。お風呂ではゴルフ雑誌、トイレでは難しい本（便秘になってしまうかな……）。家族には「そこまでしなくても……」と言われてしまうのですが、どうしてもやめられません。

イメージとしては、細切れの時間は、あとでじっくり思考する時間確保のための時間の貯金です。ちょっとした雑用、掃除などでも構いません。

ポイント4　まとまった「考えごと」の時間を作る

一方で、私はどれだけ忙しくても、「考えごと専用」のまとまった時間を確保するようにしています。できれば頭の冴えている午前中にします。これは、よほどの事態が起こらない限り動かしません。アポイントも緊急以外は入れません。いつも秘書さんには、少なくとも2週間に1回、最低3時間程度、できれば半日くらいの「考えごと専用時間」を確保してほしいとお願いすることにしていました。可能であれば、決まった曜日の決まった時間帯を充ててしまうようにすると、スケジュールを管理しやすくなります。

今後の戦略を練るなどの考えごとは、まとまった時間に、集中的に考え、ある程度の結論を得るまでひたすら突き詰めるほうがいいでしょう。参考文献を検索したり、関係者に連絡をとって情報を得たりするなど、まとまった時間がぜひとも必要です。週末まとめて取るのが可能なら、土曜日の朝はスターバックスにPCを持ち込んでじっくり考えるのもよいでしょう。

ポイント5　スケジュールの刻み方をパターン化する

「考えごと専用時間」とも共通しますが、曜日、そして時間帯によって、アポイントのパターン、色合いを決めてしまうと、効率がよくなります。

具体的には、人によって、頭の冴えている黄金の時間帯と、眠くなる魔の時間帯がありますます。たとえば、私は頭の冴えている午前中は重要な仕事に回し、午後は面談や会議など受動的なことに時間を使う。または、水曜日は会議や人と会う約束を詰め込む代わり、木曜日はできるだけ人と会わず、午前中は「考えごと専用時間」にする、といった具合です。

何となく、ただ空き時間にスケジュールを組み込むより、このほうが全体にメリハリが効いてきます。そして、スケジュールに追われているのではなく、自分で能動的に時間を使っている感覚になれる。これは、特に自分は忙殺されていると思う人にこそおすすめです。

ポイント6　どんなに多忙でも、睡眠時間・リズムは常に一定

私は夜12時に寝て、朝6時半に起きるようにしています。夜12時の時点で寝ているかいないかが、翌日の生産性に大きく影響します。

こうすると、睡眠時間は6時間ちょっと。たまに1時に寝て9時に起きたりしますが、いつもより2時間余計に寝ているはずなのに、その日のほうが明らかに生産性が落ちます。むしろ、12時に寝て5時に起きるほうが、まだよい気がします。ある時間管理の本を読んでいたら、ある脳科学者は起きる時間ではなく、寝る時間に目覚ましを鳴らしているそうです。決まった時間に寝ることはそれほど大切なことなのでしょう。

もっとも、睡眠のリズムは人によって違います。ですから、自分の中で一番効率のよい睡眠パターンを見つけることが大切です。あとはよほどのことがない限りそのパターンを変えないことです。してはいけないのは、忙しいからと言って夜更かしをしたり、極端に睡眠時間を削ったりすることです。夜更かしした翌日は明らかにつらいし、結局その晩はいつも以上に長時間睡眠することを余儀なくされます。夜遅くまでがんばって2～3時間ほど時間を稼いでも、あとからそれ以上の時間を失ってしまうのです。締め切りがあるのなら仕方がないですが、私ならいつもどおり寝て、翌朝早めに起きてがんばります。そのほうが冴えた頭でこなすので、夜の倍の効率ではかどります。とにかく大切なことは、忙しかろうと暇だろうと、一定のリズム、一定の周期で生活し続けるほうが長期的に時間を有効活用できるということです。

また私はコーヒーが大好きですが、規律として午後3時以降は飲みません。こう言うと、「スターバックスのCEOだったのに飲まないんですか⁉」と面白がられますが、コーヒーを飲むと夜の寝つきが悪くなってしまうのです。ですからスターバックスのときは、お客様にコーヒーをお出ししても、私はマグカップで白湯を飲んでいました。また私はコーヒーは、1日2杯までと決めています。こうした自分なりの規律を守ることで、結果的により効率的に仕事ができるようになります。

ポイント7　会議は2時間以内と決める

会議は、まずアジェンダ（会議の中身の概要）を確認し、必ず終了時刻を決めます。ザ・ボディショップやスターバックスのときは、原則2時間以上の会議は禁止、どうしてもそれよりも長くなる場合は、少なくとも2時間サイクルで必ず休憩を入れるようにしました。とにかく、終了時刻や休憩時刻を決めない会議は最悪です。子供の頃、なぜ学校の授業は50分だったのか。なぜ大学の講義は1時間半だったのか。集中力が続かないからです。それは大人になっても同じ。仕事として取り組んでいる場合でも、2時間話し合うと集中力が切れ、議題の蒸し返しや堂々巡りが始まり、心底疲れて次の仕事にも悪影響が出てしまいます。だらだら会議は効率が悪く、出席者全員の貴重な時間を奪ってしまいます。短い時間でさっさと済ませるくせをつけましょう。ひとつの秘訣は、時間を普通1時間単位で切るところを、もっと細かく10分単位で時間割を設定してみることです。

たとえば今日の会議は50分間で終了とか、開始時間を3時10分とかにするとみんな時間に対するアバウトな気持ちがなくなり、より時間に対する意識が高まります。

インプットとアウトプットを続けるための5つの覚悟

次に、インプットとアウトプットを続けるために、私が心がけていることを述べていきます。読書については、このあとに別の項目でまとめます。

覚悟1　自慢話がバロメーター

まず、私が強く伝えたいのは、何歳になっても勉強をし続けることが、とても大切だということです。勉強とは本当に不思議なもので、やればやるほど面白くなり、自分の無知に気がつく。そういう意味では勉強をすると人は謙虚になっていきます。学者でも本当に優秀な人はとても謙虚です。新しい知識を増やす、最先端の情報に触れる、自分とは違う考え方に親しむ。こうしたよい習慣を続けることがとても大切です。

気をつけないといけないのが、自慢話です。

自慢話をするということは、現状に満足してしまっている証拠です。こうなるとどうしても勉強がおろそかになってしまいます。また自慢話を聞かされるほうもきっと嫌な気持ちになっていると思います。

伸び続ける人は自慢話をしません。いろいろな人を見ていて、この人はすばらしい、ぜひ見習いたいと思っていた先輩が、あるときから急に自慢話を始める。するとその人はそこで成長が止まってしまって、それ以上のポストにいかなくなる。

私も自戒をしないといけないといつも思っていますが、ついつい自慢話をしてしまい、自己嫌悪に陥ってしまいます。

覚悟2　部下や後輩に「教えて」と言えるか

年齢を重ねれば重ねるほど、頭の柔軟性が衰え新しい情報は理解しがたく、またアンテナも鈍くなりがちです。「懐メロ」という言葉があるように歳をとると新しいことが覚えられなくなってしまいます。

そんなとき、自分の部下や後輩に、「**わからないので教えてほしい**」と言えるかどうか。これも自分が成長し続けているかどうかを判定する大きなポイントです。

常に謙虚であれということですが、後輩や部下からすれば、先輩や上司から「教えてほしい」と言われたら、とてもうれしいはずです。

私が日産サニー大阪でクルマのセールスマンをしていたとき、名刺を2万枚配ったことを褒めてくれた当時の社長は、その後日産自動車本社の常務になった方です。

そんな一般の社員から見れば神様のような存在の方が、突然電話をしてきて「おーい岩田、時間があったらちょっと来てくれ。聞きたいことがあるんだけど」なんて気さくに声をかけてくださりました。

申し上げた意見がどれだけ役に立ったかは自信がありませんが、私がどれだけうれしかったか。

上に立つものが謙虚さと向上心を持ち続けると、組織全体が成長し続けるのです。

覚悟3　目標は細かく設定する

一所懸命頑張っているのだけど、なかなか結果が残せない。そんな悩みを抱えている人もいるかもしれません。あれもこれもしなくてはならないと抱え込み、結局何も終わらなくて、やるべきことが山積みになっているという悪循環に陥ってしまっているケースが多いようです。

ミッションなどの大きな目標を持つことをすすめているわけですが、一方で、やるべきことが多すぎて何から手をつけてよいか途方に暮れてしまうことがあるのも確かです。

こうした事態を避けるには、**やるべきことをリスト化**して、それぞれの納期や優先順位、かかりそうな時間などを大雑把に把握することです。それをしないから、ただ不安になり、仕事をやり散らかして中途半端なままになってしまうのです。まず「やるべきリスト」で「見える化」して、さらにそれぞれに小さな目標を細かく設定し、ひとつひとつクリアしてリストの項目をひとつひとつ消していくのです。

もちろんリストを作ったら、やることの多さに途方に暮れることもあります。しかしとにかく、まず少しでも始めてみることです。報告書ならタイトルだけでも書いてみる。読書ならまえがきとあとがきだけ読んでみる。とにかくまず気楽に手をつけること。これが一番大切です。そしてやれそうなことからどんどん終わらせる。可能ならだれかにその仕事を頼んでみる。途方に暮れていたのが、やり始めると意外と簡単に終わってしまうということを私は何度も経験しました。

覚悟4　英語を学び、海外で勉強する。社内制度があれば最大限活用する

私は日産時代の1990年、社内留学制度によって、アメリカ・カリフォルニア大学ロ

サンゼルス校（ＵＣＬＡ）のアンダーソンスクール（ビジネススクール）に留学しました。

経営学の総本山といわれるビジネススクールで、ファイナンスやマーケティングを学び、異文化を体験し、世界中から集まった同級生たちから価値観の多様性を知り、本当に多くのことを学ばせてもらいました。まさしく人生の大きなターニングポイントになりました。

社内制度を利用することができたのは、多くの先輩方の推薦、サポートのおかげです。もしあなたの社内にいろいろな研修制度が用意されているのなら、ぜひ活用することをお勧めします。当時の私は、将来経営者になるためにはＭＢＡの勉強をしておくべきだと強く思ったので、留学のための社内試験を受けました。もしこの試験に落ちたら、住んでいるマンションを売ってでも留学する覚悟を持っていました。

最近は、早稲田や、慶應、一橋といった、国内にある大学院のビジネススクールも充実しています。それでも私なら、異文化体験の魅力に惹かれて、海外のビジネススクールを選びます。

最後に、英語について。私は英語をそれほどうまく話せるわけではありません。そんな私からのアドバイスですが、何よりも大切なのは絶対的な学習量、勉強時間の確保です。そして「**何のために英語を学ぶのか**」という目的意識と強い動機づけが大切だと思います。

本当に語学学習はつらく長い道のりです。終わりもありません。私からできる簡単なアドバイスは、次のようなものです。

・英語を勉強する目的を明確化する（TOEIC700点なのか、海外留学なのか）
・絶対的な勉強量を確保する（生半可な学習時間では、ほとんど英語力は向上しない。とにかく英語漬けになること。海外映画を字幕なしで観ることもおすすめ）
・教材としてよくできているNHKの英語講座を活用する
・リスニング力の向上のために、できるだけ正しい発音で話す
・英語は単語に始まり単語に終わる（語彙《ごい》を増やすのは地道だがとても大切）
・英語をいちいち日本語に変換するのではなく、英語のまま理解する

覚悟5　アウトプットを始めると、インプットのレベルも上がる

いわゆるSNSは企業にとっても個人にとっても欠かせないツールになっています。私も、気に入った言葉や格言に自分のコメントをつけて、ブログやフェイスブックで公開しています。みなさんも何かアウトプットすることをおすすめします。

・フェイスブック　http://www.facebook.com/matsuo.iwata
・インスタグラム　https://www.instagram.com/p/Ce3eA-EpLkf/
・リーダーシップコンサルティングHP http://leadership.jpn.com/
（こちらから無料メルマガが登録できます）
・ブログ　http://leadershipjpn.blog.fc2.com/

スターバックスのCEOを辞職したあと、ビジネススクールや企業研修の講師をしたりしていますが、そこで初めて、**人に教えるときは、自分が学ぶときより最低3倍は準備しなければいけない**ということを実感しました。

自分が生徒として予習するのはざっとで十分ですし、疑問があれば授業中に先生に聞けばよいのです。しかし、教えるとなれば、まず自身でよく理解したうえで、飛んでくる質問を想定して答えを準備したり、関連する事項を事前に調べたりしなければなりません。準備が大変ですが、そこから学ぶことも生徒の3倍になると感じています。

人は教えるときに一番学びます。結局お金をいただいて一番勉強になっているのは私自身なのです。

私が実践している10の読書術

周りの人と付き合っていて、知れば知るほど魅力的な人は、ほぼ例外なくしっかり読書をしている人です。逆に中身がないなあと感じる人はほとんど本を読んでいません。

読書術1　クルマが売れなければ本を読む

クルマのセールスマンをしているときに「絶対に社長賞をとってやろう」とがんばっていましたが、実際朝から晩まで飛び込みをするわけにはいきません。特に午前中は、家にいる奥様たちは家事や子供の送り迎えで忙しく、訪問しても嫌がられるだけでした。他のセールスマンたちは同じ喫茶店に集まって午前中ずっとだべっているのですが、私は単独行動をしていました。なぜなら仕事をしたくても、集団だと雰囲気に飲まれてさぼってしまいそうだったからです。

私も実際午前中は自分のテリトリーの喫茶店で時間を潰すわけですが、自分なりに目標を作りました。毎月、売ったクルマの台数と、読んだ本の冊数を合計して10にしようと。

クルマがたくさん売れたら契約や車庫証明などの手続きで忙しい。5台売ったらプラス5冊の本を読む。10台売れたら本は無理に読まなくてもいい。まったく売れなかったら、とにかく10冊読む！

だから、セールスの活動と並行して、一所懸命喫茶店で「サボり」ながら本を読んでいました。トップセールスマンの著書や司馬遼太郎の作品を片っ端から読みました。ちなみに学生時代も、野球部を引退したあとに就活を始めたときから、**月10冊の本を読む**と決めていました。読書も自分なりにノルマを課して読むことが大切だと思います。

読書術2　いい本は何回も読み返す

私は気に入った本は何度も読み返します。ときには数年後、10年以上経って読み返すこともあります。愛読書である「ビジョナリー・カンパニー」や「竜馬がゆく」は七度以上読み返しています。

本当に不思議ですが、読み返すたびに感動する箇所が違います。前回読んだときから時間が経過し、立場も経験も違っていると、線を引く箇所も変わってくるのです。自分自身が変化した証拠です。時には著者に賛同できない部分も出てきます。以前は書かれていることを鵜呑みにしていたのが、自分なりに意見を持てるようになったのだと思います。
古典と言われるドラッカーや安岡正篤先生の著作は何度も読み返しています。

読書術3　毎回線の色を変える

線を引くときには、ちょっとしたコツがあります。初めて読んだときに気になったところは黄色のラインマーカー、二度目は赤色、三度目は緑色、という具合に色を変えていきます。

こうすると、読んだ当時の自分の状況なども踏まえながら、自分の心にどんな変化が起きたのか、何が変わらないのかをひと目で確認できます。また、その場で思いついたことがあれば、欄外に書き込みをしています。書ききれない場合はポストイットに書いて貼り付けてあります。読み返すときにこれも読んでみると、自分の知識が浅くて反対意見を書いていたり、他の著者との相違なども書いていたり、とても面白いものです。

本はどんどん汚して自分なりにカスタマイズすることが大切です。実際こうすることで、本自体にさらに付加価値がつくことになります。

さらに、とても好きな言葉や感心した文章は、ノートに書き写します。それが、先ほどのブログやフェイスブックの「ネタ帳」になっています。

ノートはモレスキンなどの高級なノート、そしてペンも高級な万年筆で書き写すことをおすすめします。そうすることで書き写すことがさらに楽しくなります。

仕事でちょっと疲れたときに、「自分の心に響いた言葉」を書いたノートをパラパラと見返すととても救われた気持ちになったり、忘れていた大切なことを思い出したりします。

読書術4　しおりには名刺を使う

私は本を読んでいるとき、その当時の名刺をしおり代わりに使うことにしています。読み終えたら、そのまま入れておきます。先ほどの線の色を変える、というのと同じですが、数年後、同じ本を読み返すと、前回はどんな立場のときに読んだのかわかります。かなりの時間が経っている場合は、感慨深くていろいろ当時の状況を思い出します。ついでに読了した日付を本の裏表紙に書いておくと、前回いつ読んだのかが正確にわかります。

ああ、これはアメリカ留学中に読んだな。これはセールスマン時代だったか！　何年ぶりだろう？　私はよい本は何度も読み返しますから、読む毎に日付を書いておけば何回読んだかわかりますし、何年振りに読んだかもわかります。

そして、当時との理解の深さの違いを、自分自身の成長として意識することもできます。若い頃と今では、同じ本からでも吸収する力がまったくと言っていいほど違います。同じ文章から受ける印象も異なっている。自分が成長してより深い読み方ができてきているのかなと思います。ただ一番驚くのは、いかに自分が本の内容を忘れてしまっているかです。

だから私は、気に入った本は絶対に捨てず長く飾っています。

読書術5　テーマや著者を深掘りする

読書傾向としては、大好きな司馬遼太郎の小説なども読むのですが、ビジネスに役立つ書籍、仕事に直結するテーマがほとんどを占めています。いわゆるビジネス書です。最近は自分の興味ある「宇宙」「量子力学」「歴史」「生命工学」など幅広く読んでいます。時折心が疲れたときに、元気の出る小説を読むようにしています。

ビジネス書など読んでも役に立たない、何も変わらないという人もいますが、とてももったいないと思います。本のすごいところは、ひとりの人間が何年もかけて、あるいは一生を通じて体得したことが、じつにコンパクトにまとまっていることです。自分が今悩んでいることに対しても、同じような経験をしただれかが何らかの形でその対処法を書いてくれています。

ビジネス書の中には学ぶことがたくさんありますし、ヒントがとてもたくさん存在しています。私は、そのとき関心のあるテーマ、あるいは関心のある著者の本をひたすら集め、一気に読み始めます。

たとえばリーダーシップ論は、およそ1年間にわたって、リーダーシップと名のつく本を片っ端から読んだため、私の書棚にはまるで書店のように「リーダーシップコーナー」が完成してしまいました。

同じように、気に入った作家、たとえば司馬遼太郎や安岡正篤、渡部昇一、立花隆といった有名な著者の本を、立て続けに「作家買い」して読み漁ることもあります。

読書術6　複数の本を併読し、ときには見切る

私は、手元に読む本がないことに、恐怖感を覚えてしまいます。今電車が止まったら？突然30分時間が空いたら？　本がないと、恐ろしくて仕方がない。だから常に複数の本をカバンに入れて持ち歩いています。時間を無駄にしたくないという気持ちが半分ですが、

それとともに、もっと本を読みたいといつも思っているからです。

長期の海外出張となると、10冊以上は持ち歩きます。

複数の本を持ち歩くもうひとつの理由は、**併読する読書スタイル**だからです。常に何冊かの本を、同時並行で読みます。

そして、4分の1ほど読んだところで、面白くなかった本、自分にフィットしない本、難しすぎる本、今読む必要のない本などを、躊躇なく見切ってしまいます。私の場合、正直に言うと読み始めた本全体の1割くらいは、途中でやめてしまいます。また気が向けば続きを読むこともありますが、面白くない本を無理して読むことはほとんどありません。

もったいないという考え方もないわけではありませんが、時間という貴重な資源を浪費するほうがもったいないと感じます。限られた時間の中でインプットをするのですから、読み始めはお試しくらいの感覚でちっとも構わないのです。

読書術7　書店には大きな価値がある

私は、書店に行くのが大好きです。

転職したり、オフィスが移転したりしたとき、周囲に最初に尋ねるのは、「ここから一番近い大きな書店はどこですか？」です。

一度書店へ行くと、最低小一時間は店内を回ります。そして、3～5冊の本をまとめて買うことが多くあります。

アマゾンなどのインターネット書店を使うこともあります。特にひとりの著者やテーマを追っている場合、すでに買う本が決まっているときには便利です。ネットの場合、実際に手に取っていないので、ハズレの本を買ってしまったり、同じ本をまた買ってしまったりするリスクが高まります。

一方で、特に知らない著者や新しいテーマを探すときは、本が持っている物理的な感覚、手に取ってすぐ目次や著者の経歴を見られることに価値を感じます。ビビッと直感的なところで決めることもあります。

ランキングは一応確認しますが、ランキング入りしているという理由だけで買うことはありません。ランキング上位の中に、自分の関心のある分野の本が含まれている場合だけ、念のためチェックするといった程度です。

読書術8　残念な書店、気迫のこもった書店

私が書店に求める究極的な機能は、コンシェルジュ的な要素です。

自分がかかわっているビジネス分野に関しては、書店の担当者のレベルがわかってしまいます。

最近は一見大きな、ビジネス書が充実しているかのように見える書店でも、棚に並んでいる本を見ると、ビジネスをまったくわかっていない人が本を並べているなと思うことがあります。置いておくべき本がなかったり、内容がまったく関連ない本同士を同じコーナーに並べていたり……。とても残念です。

ならば大手書店の、大きな店に行けばいいというのもひとつの解決策でしょう。今売っている本はほぼすべてそろっているのですから。

でも私は、ある程度限られたスペースに、オーナーの気迫が感じられる書店を見つけると、とてもうれしくなります。

東京・神宮前に、「J STYLE BOOKS」という小さな書店がありました。私は何の予備知識もなく、本当に何げなく入ったのですが、決して広くない書店なのに、とても惹かれるいい本ばかり置いてあるのです。つい何冊か買ってしまうのですが、気になっ

て次行ってみると陳列されている本が変わっている。次も、また変わっている……。しかも私が読みたくなる本ばかり。何かオーナーから挑戦を受けている感じがしました。

じつはそのお店の店主の方とは、後日、フェイスブックでつながることができました。彼が言うには、「岩田さんは、いつもこちらが読んでほしいと思う本を選んでいた」そうです。

そして、私が次に来たときに気に入った本がなくてがっかりしないように、よい本を並べていたと。まさに挑みかかるというか、真剣勝負の世界。彼は職人的気迫で品ぞろえを更新していたのです。

こんな、お互い「お主、できるな!」と言い合えるような空間。これこそ、リアルな書店が輝かせうる最高の火花ではないかと思うのです。

私は、このような店主さんの気迫を感じる書店が、少なくなっているように感じます。

読書術9　心に響いた本は、必ずその場で買う

本好きの方ならわかっていただけると思うのですが、書店で見かけ、少しでも心に響いた本は、必ずその場で買ったほうがよい。自分の反省も含めて、強くそう思います。

迷って見送ると、あとになって、あのとき何かよさそうな本を見かけたけれど、どれだったのか思い出せなくなるという、のどに小骨が刺さったような苦しみを味わうことになります。

一目惚れするたび本を買って、その1割を放棄してしまうのはもったいないというのも、正しい考え方でしょう。でも私は、毎晩お酒を飲んでお金を使うことに比べれば、たいした贅沢ではないと考えます。

自宅には、積ん読、つまり買ったままで読んでいない本もたくさんあります。読み終わった本も含めれば、自宅の床が抜けてしまうのではと心配になるほどの数がある。とにかく捨てられないのですから、老後の楽しみが詰まっていると考えておくより他にありません。

読書術10　私のおすすめ書籍

『ビジョナリー・カンパニー――時代を超える生存の原則』（ジェームズ・C・コリンズ、ジェリー・I・ポラス著、日経BP社）

『ビジョナリー・カンパニー2――飛躍の法則』（ジェームズ・C・コリンズ著、日経B

P社）

『ビジョナリー・カンパニーゼロ――ゼロから事業を生み出し、偉大で永続的な企業になる――時代を超える生存の原則』（ジェームズ・C・コリンズ著、日経BP社）

現役の経営者や、経営学を学びたいと考えているビジネスパーソンに、私はこの本を必読書としておすすめします。私は七度以上読み返しています。

事例がふんだんに載っていて、説得力が高いことがポイントです。読むたびに発見があります。この本は「われわれは何者で、何のために存在し、何をやっているか」という基本理念の大切さを書いています。戦略を考えるうえで、この基本理念以外は何を変えても構わないけれど、この基本的な価値観だけは、何があっても絶対に変えてはならないと教えます。そして具体的なミッション構築にも、重要な示唆を与えてくれます。

『坂の上の雲』／『竜馬がゆく』（いずれも司馬遼太郎著／文春文庫）

内容は省きますが、たくさんある司馬遼太郎の作品から選べと言われれば、この2シリーズを挙げます。

私にとって司馬遼太郎作品は、セールスマン時代と留学中に読んだときの印象が強いのです。まとまった読書時間がとれたからだと思います（面白く長い作品で中毒性が強い）。どうしても司馬作品をひとつに絞り込めなかった理由は、学ぶことは『坂の上の雲』のほうが多いけれど、読んで文句なしに元気になれるのは『竜馬がゆく』だからです。要するに、私の中での「用途」が異なるのです。

『竜馬がゆく』は、転職を迷っているとき、あるいは新しいチャレンジを始めるとき、無性に読み返したくなります。志（ミッション）や気を活性化し、一丁やってやるかという気分を奮い立たせてくれるのです。

ＵＣＬＡのビジネススクールでは、ファイナンスやマーケティングで数値化して損得ばかりを考えているときには、何か物足りなさを感じていました。そこで、しっかり時間がある夏休みや春休みにむさぼるように読んだのが、『論語』『孟子』『十八史略』などの中国古典や司馬遼太郎の小説であり、安岡正篤の陽明学関係の本でした。今から思うと私はビジネススクールに経営を学びに行ったわけですが、学校では「理」ばかり教えて、「情」

を教えてくれない。「情」つまり「人間とは何か」ということは教えてくれないのです。私は**経営には「理」と「情」の両方が必要**だと本能的に感じていたのだと思います。

私は経歴から外資系企業のカルチャーに首まで浸かっている人間だと思われがちですが、私自身は「**和魂洋才**」を目指しています。なるほどビジネススクールで学ぶような理論はとても役に立つけれど、それだけでは経営はできないのです。コンサルタント出身の経営者がよく失敗しているのはそのせいだと思います。**理屈だけでは人は動きません。**

この他、次の著者もおすすめします。

・P・F・ドラッカー（『経営者の条件』『マネジメント』『チェンジ・リーダーの条件』『経営者に贈る5つの質問』『明日を支配するもの』他）
・渡部昇一（『昭和史』『日本人の気概』他　日本人としての誇りを持つために）
・安岡正篤（PHP文庫の講話録『活眼活学』、『人生と陽明学』他）
・大前研一（『企業参謀』はコンサルタントのバイブル。『世界の潮流』情報収集用）
・立花隆（『宇宙・地球・生命・脳』『知の旅は終わらない』『21世紀　知の挑戦』他）
・マイケル・ポーター（『競争優位の戦略』だけ読めば戦略関係の他の本はいらない）

・フィリップ・コトラー（『マーケティング3.0/4.0/5.0』マーケティングの神様）
・ユヴァル・ノア・ハラリ（『サピエンス全史』『ホモ・デウス』人類の過去と未来）
・ダニエル・カーネマン（『ファースト&スロー』『NOISE』行動心理学）
・古典では、『論語』『言志四録』『菜根譚』『十八史略』など

妻と花壇とノイローゼ

最後にメンタルについて書いておきます。

私は日産自動車時代、一度ノイローゼになりかけたことがあります。

私は日産社内の留学テストに合格し、雑誌「週刊ＳＰＡ！」の「我が社の英語名人」の特集に巻頭見開きで紹介され、まさに海外留学への夢と希望で胸が膨らんでいました。

ところが人事異動で、留学を応援してくれていた部長、課長が異動となり、新しい上司がやってきました。新しい上司は、口にこそ出さないですが、私の留学に対してネガティブな気持ちを持っていました。

ちょうど日産で初めて海外調達を始めたこともあり、新しい仕事がどんどん回され、夜

遅くまで残業せざるを得なくなりました。TOEFLやGMATの英語試験の準備どころではなくなってしまったのです。ため得点も伸び悩んでいました。

仕事のほうも上司から些細なことで叱責されたり、その

はないかと不安になったり、やがて寝てもさめても仕事と留学準備のことが気になるようになり、不眠症、食欲不振に陥ってしまいました。わずか4週間で5キロ以上やせて、妻に「もう大阪に帰ろう」と涙ながらに語ったこともあります。

ある日、妻にこう言われて「はっ」としました。

「マンションの前に咲いている花を見た？」

私は、毎日前を通って目にしているはずのマンションの花壇の花にも気づいていなかったのです。留学のための英語のテストは受けるたびに点数が落ちていき、仕事が多忙なために留学準備も進まない。このままではどのビジネススクールも受からない。仕事もうまくいかない。ただ焦るばかりでした。

このままでは人として潰れてしまう。しばらくは留学のことは忘れ、だれからも文句を言われないよう納得がいくまで働くようにしました。留学先を選ぶ時期が近づいていたのですが、トップ10のビジネススクールに入るという当初の目標を下げ、何とか手の届きそうなトップ30ぐらいまで落としてもいいと考えるようにしました。

夏休みに妻が用意してくれたお金で留学予備校に1週間通い、そこでよき友人に知り合え、ようやく精神的に落ち着き始めました。留学のための英語試験も点数がそろい、時間との戦いの中、受験。運よく4校から合格通知をもらうことができ、結局は第一希望のトップ10スクールのひとつ、UCLAに進むことができたのです。

本当に、ギリギリですり抜けました。

このように、私は何とかノイローゼを克服できたのですが、その後留学中も、試験前に時折胸がドキドキする特有の焦燥感が続きました。

私は妻のすすめで心療内科に予約を取りましたが、結局医師の世話にならずに済みました。それは自分が病気であることを自覚し、**クリアする目標レベルを下げる**ことで、運よく切り抜けることができたからです。

万が一不安感で仕事が手につかなくなったり、不眠症などの自覚症状があったりすれば、迷わず病気だと割り切って受診することをおすすめします。無理をしてはいけません。**疲れたら休むことが何よりです。**

気を張って闘ってばかりでは、潰れてしまいます。

悪い状況は決して長くは続かない

いじめを受けた子供が自殺してしまう事件が盛んに報じられます。とても胸の痛いできごとです。

人は、時々悪いことが重なって、精神的にピンチに陥るときがあります。しかし、客観的な見方が保たれていれば、それが一時的な状況であるとわかるはずです。大企業であれば、上司とそりが合わなくても、数年我慢すればどちらかが人事異動になります。

そう思えれば、我慢のしようもありますし、追い詰められずに、割り切ることもできるでしょう。

しかし、子供や、大人であろうと心理的に危機的な状態にある場合は、悪い状況にも終わりがあることがわからなくなります。

トンネルには、必ず出口がある。

しかし、この状態が一生続き、抜け出せないと思ったとき、人は精神を病んでしまいます。とにかく、悪い状況といえども、決して永続するわけではありません。それを忘れないことは、メンタル面の健康を維持するためにとても重要なポイントです。

同時に、ノーと言える勇気を持つ、あるいは、**いざと言うときは逃げ道に駆け込む**ことで、自分自身を守ってください。サラリーマンは、会社を辞めるという選択だけは唯一自分でできるのです。

MISSION

終章

エピローグ

社長室の写真

ザ・ボディショップ時代、私の社長室には、100人ほどの店長さんたちと、30人ほどの新入社員の人たちの顔写真を飾っていました。

当初の目的は、名前を覚えるためでした。

お店を回ったり、新入社員研修をしたりするときにみんなの顔と名前を一致させたくて、写真に名前をマジックで書き込み、ボードに貼りつけていました。

1か月もすると、写真全員の顔と名前が一致するようになりました。

社長という職業は日々、嫌なこと、つらいこと、気分が滅入ることも少なくありません。しかし、そういったネガティブなことはだれにも話せない。社長が孤独を感じる瞬間です。

そんなとき、私を励ましてくれたのは、他でもない、写真の中に映る彼女たちのすてきな笑顔でした。

どんなにつらくても、苦しくても、疲れても、この人たちのためにがんばらなければいけない。何よりも社長として**がんばれる原動力は、彼女たちの笑顔に報いようとする使命**

感でした。

スターバックスのパートナーたちに伝えたいこと

あの忌まわしい東日本大震災後、私は、ひざの手術のために大阪大学病院に入院していました。

その直前にスターバックスのCEOを辞職していました。

たったひとつの心残りは、スターバックスでともにがんばってくれていたパートナーたちに、最後のお別れを言えなかったことです。

とにかく急だったのです。

フェイスブックを始めたのは、私なりの気持ちをパートナーのみなさんに伝えるためでもありました。

みんなを勇気づけたいという一心で、「リーダーに贈る言葉」を発信し続けています。

オバQのカード

私がお店回りをしていた頃、時々パートナーたちに「岩田さん、サインしてください」と言われることがありました。

お店を訪問した記念みたいなものだと思うのですが、そんなときは、カードとペンを持って来てもらい、絵とメッセージを添えて渡していました。

絵は、「オバケのQ太郎」。

20代のパートナーには古くてわからないかもしれませんが、私がまともに描ける絵は、オバQしかないのです。

そこに、「いつもありがとう」とか、「がんばってね」とか、一言を添えました。

時々イタズラもしたものです。

ふらっと、突然お店に現れる。「お疲れ様！　どう元気？　困ったことはないですか？」パートナーたちの邪魔をしないように気をつけながら、ひとりになる瞬間を狙います。

みんなが接客で目を離している隙に、ＧＡＢカードを１枚失敬し、オバＱの絵とメッセージを描いて、こっそりバックヤードの目立たないところに貼っておきます。

そして、「じゃあね、がんばってね！」なんて言いながら、お店をあとにする。

パートナーがオバＱのイタズラに気づくのは、何時間後かな。

いや、３日後くらいかな。

びっくりして、ちょっとホッとしてくれるといいな。

ちょっとニヤニヤしながらお店を出る。そんなひとときが、私にとってはかけがえのない時間でした。

愛している人ががんばっていれば、私もがんばれる

私は、ＣＥＯではなくなった今でも、ひとりのスターバックスファンとして、パートナーたちと触れ合い、ときに心を豊かにしてもらいたくて、「お店回り」を続けています。

さすがに、自分から声はめったにかけません。それでも、私のことを覚えていてくれるパートナー、マネジメントレターの大ファンだったというパートナーに呼び止められることがあります。最近採用面接した新卒のパートナーが、その後成長し店長になって声をか

けてくれたことが何度かありました。

「岩田さん、ずっとお会いしたかったんです」

そう言われると、とてもうれしいし、今までしてきたことは間違っていなかったと思えます。

そしてサインを求められ、相変わらずオバQを繰り出すのです。

今この瞬間も、スターバックスのお店では、笑顔のパートナーたちがつらい立ち仕事で、お客様の心を満たそうと一所懸命に働いている。ザ・ボディショップに入社し、あっという間に急成長したかつての新入社員たちも、立派に「一国一城の主」になってがんばっている。

あの、愛する人たちががんばってくれているから、私もがんばらなきゃ。

私はそんな思いで、今の仕事に打ち込んでいます。

ある店長同士の交流

とびっきりうれしい話を聞きました。

新潟では、ご近所のスターバックスとザ・ボディショップの店長同士が仲よくなっているというのです！

確かに、ふたつのお店は、商圏も客層もよく似ています。割と近所にあるケースが多いのです。講演で新潟に行く機会があり、帰りに時間を作って訪ねました。

私はザ・ボディショップでの経験をステップに、スターバックスにチャレンジしました。そしてスターバックスを辞任しました。そのことを何も後悔はしていません。ザ・ボディショップでも、スターバックスでも、

「岩田さん、いつまでも社長をやってくださいね」

と、お店の人たちからよく言ってもらいました。スターバックスに移るとき、ザ・ボディ

ショップのスタッフたちは、行く先がスターバックスなら許してくれるのではないかとなぜか勝手に思っていました。

でも同時に、ザ・ボディショップのみんなは怒っているかもしれないなとも想像していました。

ところが、それは私の取り越し苦労だったのかもしれません。

笑顔で私を迎えてくれた新潟のザ・ボディショップの店長さんは、私もよく知っている人でした。

「いつも、スターバックスの店長さんと岩田さんの噂をしているんですよ」

店長さんは笑って教えてくれました。

その足でスターバックスに寄ってコーヒーを飲むと、私にしか絶対わからない、ほんわかした味がしました。

私は彼女たちをはじめとする、私とミッションを共有してくれたすべての人たちに感謝します。

　この本を読んだあなたが、ミッションを高く掲げ、また他のだれかのミッションに共鳴することで、すばらしい人生を送られることを願います。

　そして、それが日本を、世の中をよくすることを祈ります。

　あなたにもミッションを共有し、火花の輝きを見つめてくれる仲間が、きっと見つかるはずです。

岩田　松雄

岩田松雄（いわた・まつお）

元スターバックスコーヒージャパン代表取締役最高経営責任者。株式会社リーダーシップコンサルティング代表取締役社長。元立教大学教授、早稲田大学講師。1958年生まれ。大阪大学経済学部卒業後、日産自動車に入社。セールスマンから財務に至るまで幅広く経験し、UCLAアンダーソンスクールに留学。その後、外資系コンサルティング会社、日本コカ・コーラ株式会社役員を経て、株式会社アトラスの代表取締役社長として3期連続赤字企業を再生。その後、株式会社タカラ常務取締役を経て「THE BODY SHOP」を運営する株式会社イオンフォレストの代表取締役社長に就任し、売り上げを約2倍に拡大させる。2009年、スターバックスコーヒージャパン株式会社のCEOとしてANAとの提携、新商品VIAの発売、店舗内Wi-Fi化、価格改定など次々に改革を断行して業績を向上。UCLAビジネススクールよりAlumni 100 Points of Impactに選出される。2011年、リーダー育成のため株式会社リーダーシップコンサルティングを設立し、現在に至る。著書に『「ついていきたい」と思われるリーダーになる51の考え方』(サンマーク出版)、『今までの経営書には書いていない 新しい経営の教科書』（コスミック出版)、『ブランド』（アスコム）など多数。

ミッション
私たちは何のために働くのか

発行日　2023年 5 月29日　第 1 刷

著者　岩田 松雄

本書プロジェクトチーム
編集統括　柿内尚文
編集担当　村上芳子
編集協力　増澤健太郎
デザイン　小口翔平＋奈良岡菜摘（tobufune）

営業統括　丸山敏生
営業推進　増尾友裕、綱脇愛、桐山敦子、相澤いづみ、寺内未来子
販売促進　池田孝一郎、石井耕平、熊切絵理、菊山清佳、山口瑞穂、吉村寿美子、矢橋寛子、遠藤真知子、森田真紀、氏家和佳子
プロモーション　山田美恵、山口朋枝

編集　小林英史、栗田亘、大住兼正、菊地貴広、山田吉之、大西志帆、福田麻衣
講演・マネジメント事業　斎藤和佳、志水公美
メディア開発　池田剛、中山景、中村悟志、長野太介、入江翔子
管理部　中村宏之、早坂裕子、生越こずえ、本間美咲、金井昭彦
マネジメント　坂下毅
発行人　高橋克佳

発行所　株式会社アスコム

〒105-0003
東京都港区西新橋2-23-1　3東洋海事ビル
編集局　TEL：03-5425-6627
営業局　TEL：03-5425-6626　FAX：03-5425-6770

印刷・製本　株式会社光邦

Printed in Japan ISBN 978-4-7762-1291-1

本書は、2012年10月に弊社より刊行された『ミッション 元スターバックスCEOが教える働く理由』を改題し、加筆・修正したものです。